MONTESSORI einfach LEBEN

VALENTINA WIMMER UND CARINA DOLESCHAL

MONTESSORI *einfach* LEBEN

Der praktische Leitfaden für Eltern

Y

Für alle Familien dieser Erde. Lasst uns gemeinsam Hand in Hand gehen, um unseren Planeten zu einem lebendigen Mosaik und vielfältigen, harmonischen sowie gesunden Lebensraum für unsere Kinder und alle nachkommenden Generationen zu gestalten!

Für unsere Kinder Cosima, Pia und Benedikt: Ihr seid unsere wertvollsten Geschenke. Danke, dass wir jeden Tag mit euch wachsen und lernen dürfen!

Valentina und Carina

INHALT

MONTESSORI ZUHAUSE – SPIELMATERIALIEN UND AKTIVITÄTEN 103

MONTESSORI ZUHAUSE – DER ALLTAG 167

VORWORT

Liebe Leserinnen und Leser,
Sie haben sich für dieses Buch entschieden und beginnen gerade, in den ersten Seiten zu blättern. Vielleicht fragen Sie sich: »Was erwartet mich?«. Die Antworten sind ganz davon abhängig, was Sie suchen.

Dieses Buch, obwohl es nicht als Fachliteratur ausgewiesen und mit Fachbegriffen gespickt ist, wird Ihnen als Eltern oder Großeltern in angenehmer Weise einen Einblick in die Montessori-Pädagogik geben, deren Begründerin Maria Montessori 1907 mit der Gründung des ersten Kinderhauses in Rom ihren pädagogischen Weg beschritt.

»Alles muss klein beginnen« – diese Zeilen kamen mir beim Lesen in den Sinn, denn im Fokus stehen die jungen Kinder bis zum sechsten Lebensjahr, ihre Entwicklungsbedürfnisse und möglichen Antworten für diese in der Gestaltung der häuslichen Umgebung. Ich bin sehr sicher, dass Sie mir hier zustimmen werden, dass dieser Altersbereich grandios ist. Nie wieder im Leben leisten die Kinder solche immensen Entwicklungsschritte wie in der frühen Kindheit, und da vor allem von der Geburt bis zum dritten Lebensjahr.

Ihr Kind bewältigt in den ersten zwölf Monaten ein körperliches Wachstum in der Länge von teilweise 30 Zentimetern. Es richtet sich auf, läuft Ihnen davon und macht sich die Sprache zu eigen, die es in seiner Umgebung absorbiert. »Alleine machen!« ist ein Satz, den wohl alle Erwachsenen schon aus einem Kindermund gehört haben! Und all diese Dinge sind gut, formen sie doch den Menschen, der unsere Zukunft gestalten wird.

Das dreijährige Kind kann dann auf diese Grundlagen aufbauen. So läuft es uns nicht nur davon, sondern hüpft von Höhen herunter, bei denen wir Erwachsene so unsere Bedenken haben. Es läuft ohne Probleme rückwärts, fährt Fahrrad, und es kann gut sein, dass es uns am Frühstückstisch erklärt, dass »das Ovoid« lecker schmeckt. Auch in diesem Entwicklungsalter von drei bis sechs Jahren lernen Kinder freudvoll, aktiv in Bewegung und in ihrem Denken.

Das Wesentliche dabei ist, dass sie sich alle Dinge so aneignen, dass es mit zu ihrem Kapital gehört, mit dem sie später ihr Leben als Erwachsener gestalten, für sich und für die Gemeinschaft. Maria Montessori begann mit einer Bildungseinrichtung, dem »Casa dei bambini« für Kinder von drei bis sechs Jahren. Später in ihrem Leben erkannte sie, dass Angebote und Konzepte für die Zeit vor und nach dieser Altersspanne sinnvoll sind, die die Entwicklung der Kinder begleiten. Heute gehen wir in der Montessori-Pädagogik von einem Kontinuum der Entwicklung und des Lernens aus, und die Angebote sind auf die Bedürfnisse der Kinder bzw. Jugendlichen abgestimmt.

In der Landschaft der Montessori-Bildungseinrichtungen finden Sie aus diesem Grund sogenannte Kleinkindgemeinschaften (international: *Infant Communities*) für Kinder bis ca. drei Jahre, das Kinderhaus, die Grundschule mit dem Konzept der Kosmischen Erziehung und ab 12 Jahren den Erdkinderplan in seinen verschiedenen Möglichkeiten der Umsetzung.

Die Familie als Ausgangspunkt, sicherer Hafen mit den lebensprägenden wichtigen Personen für die Entwicklung des Kindes, wird dabei immer mitgedacht und eingebunden. In den Bildungseinrichtungen sprechen wir hier von einer Erziehungs- und Bildungspartnerschaft, und oft gibt es Regularien und gesetzliche Verankerungen, wie diese zu gestalten sind.

Reicht das aus? Gibt es wirklich ein gemeinsames Verständnis von Entwicklung und Lernen? Oder beschränkt sich das Konzept der Montessori-Pädagogik nur auf Bildungseinrichtungen? Oder aber ist es nicht eher so, dass diese Pädagogik durch die Sichtweisen auf das Kind und dessen Entwicklung und Lernen viel umfassender wirkt und deshalb nicht nur pädagogische Fachkräfte berührt?

Die Erkenntnis von Maria Montessori: »Wir fangen zu spät an!« ist eine Erkenntnis, die sich nach meiner Auffassung im Heute (leider) weiterhin bewahrheitet. Dieses Buch leistet einen Beitrag, dies zu ändern, denn es bindet Sie als Eltern oder Großeltern hervorragend in natürlicher Art und Weise ein. Zum einen erhalten Sie Orientierung, was Sie alles für und mit Ihrem Kind arrangieren können, damit es sich nach seinen Potenzialen entwickelt. Dabei werden keine hochtrabenden Programme erläutert, sondern anhand von alltäglichen Familiensituationen wird die Perspektive der »Montessori-Philosophie« gut nachvollziehbar dargestellt. Fragestellungen regen das eigene Nachdenken und Reflektieren an: Wie ist es bei uns? Passt das so für mein Kind? Warum machen wir es so?

Maria Montessori spricht von »Milch und Honig«, wenn sie das Agieren der Erwachsenen in den Fokus setzt. Milch und Honig! Nahrung und Bindung? Grundlagen für Lebensgestaltung? Die kindliche Entwicklung steht u.a. in Abhängigkeit zur Umgebung, wie diese sich gestaltet und welche Möglichkeiten sie in sich birgt. Wir, die Erwachsenen sind Teil dieser Umgebung und wir können entwicklungsfördernd oder -hemmend sein. Oft sind es nur kleine Aussagen,

Gesten oder Arrangements, die sich in beide Richtungen für das Kind und dessen Entwicklung auswirken können. Und genau von den positiv wirkenden Arrangements werden Sie in diesem Buch lesen und Möglichkeiten in Schrift und Bild vorfinden. Vielleicht erhalten Sie Anregungen, genauer hinzusehen, zu beobachten, da Ihnen nicht bewusst ist, wie sich das ein oder andere bei Ihrem Kind darstellt.

Vielleicht tauchen auch Gedanken auf wie »Das kenne ich! Das habe ich als Kind selbst so gemacht!«, oder »Ach wie einfach!« - gut, dann ist der erste Schritt vollbracht. Was das Buch nicht leisten kann, ist *die Umsetzung*. Da sind *Sie* als Eltern und Großeltern gefragt und kommen, so die Hoffnung der beiden Autorinnen und mir, in Aktion.

Ein Leitspruch in der Montessori-Pädagogik der weitgehend bekannt ist lautet: »Hilf mir es selbst zu tun!« Jedoch haben wir noch weitere für die jungen Kinder bis sechs Jahre, die ich Ihnen gern mit auf den Weg geben möchte: »Gebt den Kindern ein Zuhause!«, und: »Gebt den Kindern die Welt in die Hände!«

Das Zuhause ist, wie schon eingangs erwähnt, dieser sichere Hafen mit einer stabilen Bindung, mit Menschen, die für das Kind da sind und mit ihm sind. Die ihm eine Welt eröffnen, die sie anfassen können, *begreifen*. Eine Welt, die für sie vorbereitet ist, in der sie aktiv sein und Teilhabe erleben können.

Legen Sie Ihrem Kind die Welt zu Füßen, damit es freudvoll lebt und sich so viel Kraft und Lebensfreude für die Zukunft aufbauen kann. Ich selbst habe die Vision, dass wir alle gemeinsam davon profitieren werden, denn die Zukunft Welt wird von den Kindern von heute gestaltet!

An dieser Stelle möchte ich mich bei Carina Doleschal und Valentina Wimmer herzlich bedanken. *Montessori einfach leben* als praktischer Leitfaden für Eltern stellt eine Bereicherung für den Weg der Begleitung von jungen Kindern in ihrer Entwicklung dar.

Ich hoffe, dass Sie sich nach dem Lesen und dem Ausprobieren ebenso bereichert fühlen und Ihr Kind Ihnen mit strahlenden Augen fröhlich zuruft: »Das hab ich ganz allein gemacht, das kann ich jetzt!« - denn das ist die Hilfe fürs Leben.

Andrea Donath

Montessori-Pädagogin

Geschäftsführerin der Deutschen Montessori Gesellschaft e. V.

PROLOG

Zu Beginn möchten wir noch ein paar kleine, aber sehr relevante Anmerkungen bezüglich unseres Sprachstils machen. Uns ist es wichtig, im Fluss zu schreiben und uns dabei nicht aufzuhalten. Als Mamas haben wir persönlich sowieso nur sehr begrenzte Zeit- und Energieressourcen, uns in unserem Alltag mit Texten zu beschäftigen und Bücher zu lesen. Wir können uns vorstellen, dass es dir auch so oder zumindest ähnlich geht. Wer will schon nach einem stressigen, herausfordernden Tag noch schwere Literatur mit kompliziertem Satzbau und tausend Sternchen oder Und-/Oder-Formulierungen lesen? Also wir definitiv nicht! Wir sind schon stolz auf uns, wenn wir überhaupt noch Energie haben, ein paar Seiten zu lesen. Aus diesem Grund haben wir uns dazu entschlossen, alles so kurz und knapp zu halten wie möglich – ohne natürlich dabei unsere Fachkompetenz einzuschränken. Wir wollen nicht, dass du dich beim Lesen unnötig aufhältst mit Dingen, die dich nicht voranbringen. Auch, wenn es politisch korrekter wäre, verzichten wir weitgehend auf einen gendergerechten Sprachcode und schreiben auch lieber, im Singular, »das Kind«. Was – kleines Detail am Rande – auch Maria Montessori bevorzugte. Uns ist natürlich bewusst, dass du vielleicht schon mehrere Kinder hast. Aber wir möchten nicht unsere und deine Zeit mit Formulierungen wie dein Kind/deine Kinder, deine Tochter oder dein Sohn, dein Pflegekind/deine Pflegekinder und so weiter vergeuden. Wir wollen lieber dich und dein Kind begleiten. Du kannst dir aber mehr als sicher sein, dass wir jedes Kind dieses Planeten meinen, wenn wir sagen »das Kind«, und auch jedes deiner Kinder gemeint ist, wenn wir schreiben »dein Kind«.

Auch der Begriff »Familie« inkludiert für uns jede erdenkliche Familienkonstellation. Egal ob Mama, Papa und Kind, Mama, Mama und Kind, Papa, Papa und Kind, Patchwork oder nicht, Familien sind vielfältig und bunt, genauso wie das Leben. Sei versichert, dass wir zweifellos respektvolle, moderne, offene und empathische Frauen sind.

Und noch eine Sache, die für uns eine Selbstverständlichkeit ist, die wir aber der Vollständigkeit halber gerne noch anmerken möchten. Wir duzen dich, sagen einfach »du« zu dir! Damit möchten wir aber nicht unhöflich sein, auf gar keinen Fall. Wir sitzen nur im gleichen Boot wie du und möchten dir – so wie all den Kindern auch – auf Augenhöhe begegnen. Wir sind die Mamas, die dir auch zufällig auf dem Spielplatz begegnen könnten und mit denen du ins Gespräch kommst. Niemals würden wir doch in dieser Situation »Sie« zueinander sagen, oder? Wir sind eben einfach auch nur ganz normale Mamas mit unseren täglichen Herausforderungen im Familienalltag. Wir wissen, dass es nichts Schöneres gibt, als Kinder zu haben, aber zugleich gibt es bisweilen auch nichts Herausforderndéres oder an manchen Tagen auch Anstrengenderes, als Eltern zu sein. Es ist eben auch für uns selbst ein riesiges Lern- und Wachstumsfeld.

Wir lernten uns in den vergangenen Jahren in der neuen Mamarolle als Begleiterinnen unserer eigenen Kinder zurechtzufinden, beschäftigten uns aber auch schon zuvor jahrelang mit der Montessori-Philosophie. Nun, da wir einen unheimlich großen Erfahrungsschatz sowohl als Montessori lebende Elternteile als auch als ausgebildete Montessori-Pädagoginnen vorzuweisen haben, möchten wir dich gerne ein Stück an die Hand nehmen und dir den nötigen fachlichen Background, Ideen, Tipps und Inspirationen geben, wie du einfach Montessori leben kannst - in deinem Zuhause und mit deinem Kind! Let's get started!

MONTESSORI - MEHR ALS EIN AKTUELLER TREND?

Die Montessori-Pädagogik hat sich in den letzten Jahren zu einem inspirierenden Trend in der Kindererziehung und bei der Auswahl von Spielsachen entwickelt. Das ist grandios! Fantastisch! Einfach genial! Denn obwohl Maria Montessori ihre Pädagogik bereits vor über einem Jahrhundert entwickelte, ist diese immer noch überaus fortschrittlich, relevant, zeitlos und somit definitiv zukunftsweisend. In der heutigen Welt, in der sich alles ständig ändert, Erziehung und Bildung immer wichtiger werden, ist die Montessori-Philosophie ein außerordentlich wertvoller Leitfaden für die effektive Förderung der kindlichen Entwicklung. Vielleicht fragst du dich nun, warum du gerade mit der Montessori-Philosophie den perfekten Schlüssel in Händen hältst, um dein Kind liebevoll und unterstützend beim Aufwachsen begleiten zu können. Was ist denn so besonders daran? Lass es uns dir anhand dieses eingängigen und anschaulichen Akronyms veranschaulichen: Montessori ist …

M - Motivierend: Die Montessori-Pädagogik weckt die innere, intrinsische Motivation deines Kindes. Dabei wird die natürliche Neugier angesprochen. Dein Kind erhält die Freiheit, dieser Neugier eigenständig nachzugehen und dabei selbstständig zu lernen.

O - Orientiert an der Entwicklung des Kindes: Egal, in welchem Alter dein Kind ist, die Montessori-Pädagogik gibt dir für jede Entwicklungsphase hilfreiche Impulse und eine Antwort auf die Frage, wie du dein Kind jetzt bestmöglich unterstützen kannst.

N - Nachhaltig: Die Montessori-Prinzipien haben langfristig, ja sogar lebenslang, positive Auswirkungen auf die kognitive, soziale und emotionale Entwicklung deines Kindes. Sie fördern Fähigkeiten wie Selbstständigkeit, Selbstregulation, soziale Kompetenz und die immerwährende Freude am Lernen.

T - Transformierend: Eine lebensverändernde, nachhaltige Transformation deines gesamten Elternseins ist unausweichlich, wenn du Maria Montessoris Erkenntnisse verstehst, umsetzt und lebst. Du bekommst hilfreiche Werkzeuge an die Hand, um dein Kind auf eine unterstützende und respektvolle Weise zu begleiten und aktiv in seiner Entwicklung zu partizipieren.

E - Empowernd: Montessori empowert sowohl dich als auch dein Kind! Du erlangst neben Wissen und Verständnis auch neue Sicherheit im Umgang mit deinem Kind. Es kann sich selbst mit all seinen Potentialen frei entfalten. Montessori gibt ihm die Werkzeuge und den Raum, um Selbstständigkeit, Selbstvertrauen und ein tieferes Verständnis für sich und seine Umgebung zu entwickeln.

S - Sozial: Dein Kind lernt Wertschätzung, Respekt, wie es im Alltag kooperiert, Verantwortung übernimmt und dabei hilft, eine positive Familiengemeinschaft zu gestalten. Dies trägt dazu bei, dein Kind zu einem sozial kompetenten und einfühlsamen Mitglied unserer Gesellschaft zu formen.

S - Selbstständig/Selbstbestimmt: Mit Montessori schaffst du deinem Kind eine Umgebung, die es ihm erlaubt, selbstständig aktiv zu lernen und seine Fähigkeiten zu entwickeln. Dein Kind kann selbstbestimmt seinen Interessen folgen.

O - Omnipräsent: Yeahhh! Montessori ist endlich seine Staubschicht los und wieder raus aus der Mottenkiste. Das ist großartig! Schließlich birgt die Montessori-Philosophie ein ungeheures Potential – für dein Kind, dich selbst, unsere Gesellschaft, unseren Planeten … unsere Zukunft!

R - Respektvoll: Die Montessori-Philosophie zeichnet sich durch einen tiefen Respekt gegenüber dem Kind, seiner Individualität und seinem natürlichen Entwicklungsverlauf aus. Du begegnest deinem Kind auf Augenhöhe und siehst es in seiner Gesamtheit.

I - Individuell: Montessori ist individuell. Die Einzigartigkeit jedes Kindes steht im Vordergrund. Dein Kind lernt das, was seinen Bedürfnissen und Interessen gerecht wird, und zwar in seinem persönlichen Tempo, seinem inneren Bauplan entsprechend.

Darüber hinaus ist die Montessori-Philosophie absolut zeitgemäß und sogar wissenschaftlich bestätigt. Uns persönlich beeindruckt die Tatsache, dass Maria Montessori ihrer Zeit weit voraus war, immer wieder aufs Neue. Ihre Beobachtungen und Erkenntnisse werden in der heutigen neurobiologischen Forschung bestätigt. Die Idee, dass Kinder in einer Umgebung, die auf ihre Bedürfnisse zugeschnitten ist, am besten lernen, wird heute auch durch die Forschung im Bereich der Gehirnentwicklung gestützt. Somit stimmt die Montessori-Pädagogik absolut mit neusten wissenschaftlichen Erkenntnissen und Forschungsergebnissen überein.

Ein integraler Bestandteil der Montessori-Pädagogik ist das Fördern von Selbstständigkeit, kritischem Denken sowie sozialen Kompetenzen. Dies entspricht absolut den Anforderungen der modernen Gesellschaft. Wir benötigen unbedingt neue Generationen von Erwachsenen, die friedlicher, nachhaltiger und respektvoller miteinander und unserem wunderschönen Planeten umgehen werden. Die Montessori-Philosophie gibt dem Kind den Raum, sich zu einem eigenständigen und kreativ denkenden Menschen zu entwickeln, der bereit ist, in einer immer komplexer werdenden Welt erfolgreich zu agieren.

Du hast also nun schon eine gewisse Vorstellung davon bekommen, weshalb die Montessori-Philosophie der perfekte Schlüssel für die bestmögliche Unterstützung der Entwicklung deines Kindes ist. Praktisch wäre es jetzt natürlich, wenn wir dir einfach eine genaue Anleitung, eine Art »Kochrezept«, an die Hand geben könnten, wie du Montessori einfach mit deinem Kind zuhause leben kannst. Doch leider müssen wir dich da enttäuschen. So etwas gibt es nicht! Maria Montessori betonte immer, dass jedes Kind einzigartige und individuelle Eigenschaften sowie Bedürfnisse hat, die es zu berücksichtigen gilt. Ebenso gilt es auch, die Bedürfnisse von uns Eltern zu respektieren. Nun, jedes Kind ist anders, ebenso jede Familie, jede Wohnsituation. Dementsprechend ergeben sich individuelle Möglichkeiten, wie das Familienleben als harmonisches Miteinander gestaltet werden kann. Es ist also immens wichtig, zu verstehen, was jedes Familienmitglied braucht, welche Bedürfnisse es hat, und dabei auch die Sichtweise des Kindes nicht aus dem Fokus zu verlieren. So vielfältig wie wir Familien sind, so vielfältig werden wir auch Montessori zuhause leben.

Allerdings ist es gar nicht so einfach, die Bedürfnisse der einzelnen Familienmitglieder immer richtig zu erkennen und für diese dann die entsprechenden Lösungen zu finden. Doch die gute Nachricht ist, dass wir dich exakt hierbei gerne ein Stück an die Hand nehmen möchten! **#bettertogether**

Zunächst werden wir dir das nötige Wissen und die Grundsätze der Montessori-Pädagogik leicht verständlich näherbringen. Denn wenn du das Wieso, Weshalb, Warum kennst, verstehst du auch, worauf es wichtig ist, zu achten. Natürlich handelt es sich bei diesem Buch nicht nur um eine reine Theorieabhandlung. Schließlich wollen wir die Montessori-Philosophie nicht nur verstehen, sondern in unserem Zuhause und Familienalltag auch umsetzen! *Montessori einfach leben* lautet der Titel dieses Buches, und dies wird dir nach der Lektüre auch mühelos gelingen. Wir werden also im Folgenden gemeinsam den Weg beschreiten, wie du eine inspirierende und förderliche Umgebung schaffen kannst, in der dein Kind seine individuellen Stärken entfalten und daran wachsen kann. Die Montessori-Pädagogik ist definitiv keine starre Methode, sondern ein flexibles Konzept, das sich den Bedürfnissen deines Kindes anpasst.

Dieses Buch wird dir auch dabei helfen, die Montessori-Prinzipien einfach und unkompliziert in die Praxis umzusetzen, angefangen bei der Gestaltung des kindgerechten Zuhauses bis hin zur Förderung von Selbstständigkeit sowie sozialer Intelligenz. Du erhältst praktische Anleitungen und Tipps und wirst entdecken, wie du dein Zuhause zu einem Ort machen kannst, an dem dein Kind nicht nur lernt, sondern auch die Welt entdeckt und sich entfalten kann.

Wir integrieren außerdem immer wieder Links, die dich zum umfang- und hilfreichen Zusatzmaterial dieses Buches führen. Um dir deinen Elternalltag zu erleichtern und dich dabei zu unterstützen, Montessori einfach zu leben, haben wir einfach umzusetzende Reflexionen, superpraktische Spielmateriallisten und einleuchtende Leitfäden für dich erstellt. Uns ist es ein großes Herzensanliegen, dass du ohne mühevolles und stundenlanges Suchen direkt in die Umsetzung kommen kannst. Nicht umsonst lautet unser Motto:

Make it yOur Montessori Way!

Also ... Bist du startklar? Dann lass uns die Montessori-Pädagogik erkunden und gemeinsam dein Zuhause einfach und unkompliziert so gestalten, dass sich dein Kind bestmöglich entfalten kann. Denn: **Dein Zuhause ist einer der wertvollsten Orte für die Entwicklung deines Kindes!**

BACKSTAGE – DIE GRUNDSÄTZE DER MONTESSORI-PÄDAGOGIK

PERSON: MARIA MONTESSORI

Zuerst wollen wir dir unbedingt jemanden vorstellen: Maria Montessori! Schließlich sprechen wir andauernd über sie. Aber wer war das eigentlich? Maria Montessori ist die Begründerin dieser einzigartigen Pädagogik, sie war ihrer Zeit weit voraus und gab uns so viele Ideen und Denkanstöße mit, den Blick *wirklich* auf das Kind zu richten!

WER WAR DIESE AUSSERGEWÖHNLICHE FRAU?

- Geburt: Maria Montessori wird am 31. August 1870 in Italien geboren.
- Umzug nach Rom: Mit fünf Jahren zieht sie mit ihren Eltern nach Rom, wo sie Interesse an Mathematik und Naturwissenschaften entwickelt.
- Bildungsweg: Besuch eines naturwissenschaftlichen Mädchengymnasiums, Entschluss, Ärztin zu werden
- Studium: Aufgrund von Geschlechterdiskriminierung zunächst Naturwissenschaften, später Medizinstudium
- Promotion: Abschluss des Medizinstudiums im Juni 1896
- Arbeit als Assistenzärztin: Beobachtung von Kindern mit Beeinträchtigungen an der Psychiatrischen Klinik
- Mutterschaft: Geburt ihres Sohnes Mario 1898.
- Erstes Kinderhaus: 1907 eröffnet das erste *Casa dei bambini* in Rom
- Pädagogische Innovationen: Veröffentlichung von *Il método* (1909) und Entwicklung erster Montessori-Einrichtungen weltweit
- Internationale Bekanntheit: Reisen für Kurse, Vorträge und Teilnahme an Frauenkongressen
- Konflikte und Exil: Nach anfänglicher Kooperation gibt es später Auseinandersetzungen mit Mussolini, Schließung ihrer Einrichtungen, Exil in Barcelona, London und den Niederlanden.
- Indienreise: Internierung während des Zweiten Weltkriegs, Entwicklung neuer Konzepte wie die »Kosmische Erziehung« (Schulkonzept)

- Fokus auf frühe Kindheit: Entwicklung von Ausbildungskursen zum *Assistant to Infancy* und Veröffentlichung von *Das kreative Kind* (1949)
- Rückkehr in die Niederlande: Letzte Jahre mit bedeutsamen Schriften und Vortragsreisen
- Tod: Maria Montessori stirbt am 6. Mai 1952 in Noordwijk aan Zee, Niederlande.

EIN ENTWICKLUNGSKONZEPT

Die Montessori-Pädagogik ist nicht nur ein hübsches Material oder ein nettes Tablett mit Übungen! Es ist so viel mehr! Montessori ist ein Entwicklungskonzept, eine Philosophie, eine Haltung - die du von der Zeugung deines Kindes bis ins Erwachsenenalter hinein - und natürlich auch darüber hinaus - leben kannst. Was wir dir in diesem Buch vorstellen, ist ein Teilbereich eines großen Ganzen. Ein grundlegendes Prinzip der Montessori-Pädagogik lautet: »Vom Ganzen zum Detail«. Deshalb geben wir dir zunächst einmal in einer Kurzfassung einen kleinen Überblick.

Maria Montessori beobachtete, dass Kinder und Jugendliche verschiedene Phasen durchlaufen, in denen sie unterschiedliche Aufgaben haben. Sie teilte diese Phasen in sogenannte Entwicklungsstufen ein, die jeweils ca. sechs Jahre andauern, aber natürlich von Kind zu Kind individuell variieren können.

1. Entwicklungsstufe: 0–6 Jahre
2. Entwicklungsstufe: 6–12 Jahre
3. Entwicklungsstufe: 12–18 Jahre
4. Entwicklungsstufe: 18–24 Jahre

Da dein Kind in jeder dieser Stufen andere Bedürfnisse, Interessen und Aufgaben verfolgt, ist es so wichtig, darüber Bescheid zu wissen, und die Umgebung sowie dein Verhalten als Mama oder Papa dementsprechend anzupassen. In Einrichtungen gibt es für jede Entwicklungsstufe spezifisch ausgebildete Pädagogen. Als Eltern bleiben wir Eltern und haben die Chance, mit unserem Kind zu wachsen und mit jeder Entwicklungsstufe Neues zu lernen.

Egal, wo auf der Welt gerade ein Baby im Mutterleib heranwächst, es hat an jedem Ort sehr ähnliche Bedingungen: Im Mutterleib ist es ca. 37 Grad warm, das Baby schwimmt im Fruchtwasser, die Umgebung ist somit feucht, die Belichtungsverhältnisse, die Raumgröße und Verfügbarkeit sowie die Art zu hören, sind sehr ähnlich. Im Mutterleib sammelt ein Baby bereits vielfältige Sinneserfahrungen. Über die Haut - als wichtigstes Sinnesorgan - kommuniziert es bereits mit der »Außenwelt«. Es riecht, es schmeckt und es hört - nicht von Anfang an, aber nach und nach entwickeln sich diese Sinne immer weiter. Somit ist es für das Baby möglich, die Stimmen von Mama, Papa und den Geschwistern zu hören. Es nimmt den Herzschlag und das Rauschen des Blutes seiner Mutter dauerhaft wahr. Ja, und manchmal bewegt es schon die Lippen, während die Mama spricht. Unglaublich, oder?

Mit dem Zeitpunkt der Geburt erlebt jedes Kind eine ganz unterschiedliche Umgebung, mit der das Neugeborene zurechtkommen muss. Hierfür ist das Baby mit etwas unheimlich Wichtigem ausgestattet: der unglaublichen Fähigkeit, sich anzupassen! Sich anzupassen an seine soziale Umgebung, an seine kulturelle, gesellschaftliche Umgebung, an die klimatischen Bedingungen, an sein geographisches Umfeld und an die natürlichen Bedingungen seiner Umgebung.

Diese Fähigkeit ist in den ersten drei Lebensjahren am größten, hin zum sechsten Lebensjahr nimmt sie langsam ab. Natürlich sind wir Menschen in der Lage, uns ein ganzes Leben lang anzupassen, aber es fällt uns einfach viel schwerer. Denk nur mal daran, wie mühsam es für uns als Erwachsene ist eine neue Sprache zu erlernen, und wie leicht und selbstverständlich du deine Mutter- bzw. Vatersprache in den ersten Lebensjahren erlernt hast.

Um diese Anpassung zu bewältigen, ist dein Kind nicht allein, es hat dich, und es ist von Natur aus mit großen Kräften ausgestattet. Dies sind Fähigkeiten, die es bereits mitbringt und in sich trägt.

In den Grundlagen der Montessori-Pädagogik finden sich drei zentrale Antriebskräfte für die kindliche Entwicklung: der Absorbierende Geist, die Sensiblen Phasen und die Humanen Tendenzen. Zugegeben, diese drei Begriffe wirken zunächst etwas merkwürdig, wenn du sie noch nie zuvor gehört hast. Aber eigentlich sind sie und besonders das, was dahintersteckt, ziemlich genial. Maria Montessori identifizierte diese Elemente als Schlüssel, um das Potenzial jedes Kindes freizusetzen.

Der Absorbierende Geist, die Sensiblen Phasen und die Humanen Tendenzen bilden das Herzstück der Montessori-Pädagogik – sie unterstützen maßgeblich den Anpassungsprozess in den ersten Lebensjahren und sind somit für dich absolut *merk(ens)*würdig!

Lass uns genauer schauen, weshalb diese grundlegenden Prinzipien eine entscheidende Rolle spielen in der Art und Weise, wie Kinder lernen und sich entwickeln.

ABSORBIERENDER GEIST

Der Absorbierende Geist – was ist das denn bitte? Klingt erst mal unglaublich abstrakt und seltsam, oder? Bitte klapp jetzt nicht das Buch zu oder blättere schnell weiter – es wird gleich wieder konkreter, und das Weiterlesen zahlt sich aus: Wir möchten dich mit auf die Reise nehmen, dein Kind noch besser zu verstehen und dir ein Stück Wissen an die Hand geben, um im Familienalltag die ein oder andere Situation und Reaktion leichter nachvollziehen und einordnen zu können.

Mit dem Absorbierenden Geist meint Maria Montessori, dass dein Kind in den ersten sechs Lebensjahren über eine besondere Geistesform verfügt. Das heißt, dass es in dieser Zeit alles – wirklich alles – in seiner Umgebung aufnimmt und für immer in einem unbewussten Gedächtnis, der sogenannten »Mneme«, abspeichert. Besonders stark ausgeprägt ist der Absorbierende Geist bis zum dritten Lebensjahr, danach nimmt er bis zum sechsten Lebensjahr hin langsam ab. Im Erwachsenenalter weiß man heute von der Wirkung der Spiegelneuronen, somit ist auch noch unbewusstes Lernen im Erwachsenenalter möglich.

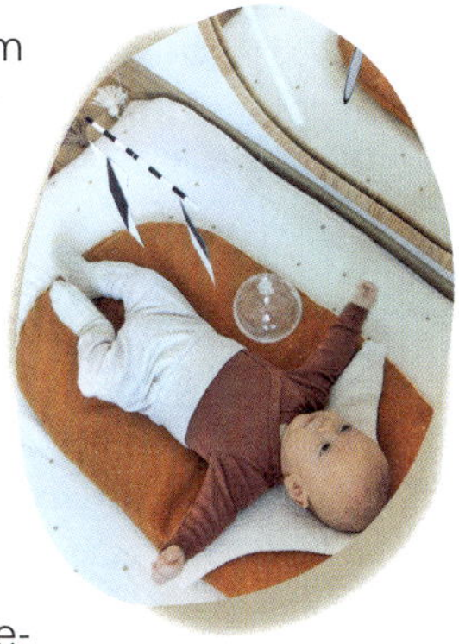

Deinem Kind ist es noch nicht möglich, zu filtern, es saugt einfach alles auf – egal, was es ist. Dein Kind wertet auch nicht, ob etwas gut oder schlecht, richtig oder falsch ist. Es absorbiert einfach alles. Du kannst dir das vorstellen wie eine Festplatte, auf die etwas downgeloadet und abgespeichert wird. So nimmt dein Kind die Welt um sich herum auf und speichert seine Erlebnisse und Erfahrungen im Unterbewusstsein ab. Diese vielen Eindrücke aus der Umgebung formen seinen Geist, und so baut sich dein Kind sein eigenes Selbst auf. Das hat viele, viele Vorteile, und es ist ein riesengroßer Schatz, dass dein Kind über diese Möglichkeit des Absorbierenden Geistes verfügt. So kann es auf unglaublich schnelle und vor allem leichte Art und Weise lernen. Eine besondere Chance bedeutet das vor allem für die Entwicklung der Sprache: Dein Kind nimmt die Sprache seiner Umgebung unbewusst und ungefiltert in sich auf. Es absorbiert aber auch die Vielfältigkeit unserer Welt, die Art und Weise, wie wir Menschen miteinander umgehen, welche Rituale und Bräuche wir haben, wie wir mit Gegenständen und der Natur umgehen - einfach alles!

Gleichzeitig geht diese große Chance auch mit einer großen Verantwortung einher. Da dein Kind alles aufsaugt und nicht filtern kann, liegt es - zum größten Teil - an uns als Eltern, wie wir Vorbild sind und was an unser Kind »herankommt«. Was nicht heißt, dass wir es vor allem beschützen können und sollen. Es gibt einfach auch Situationen, in denen das Leben anders läuft, als man denkt. Niemand ist perfekt! Auch wir selbst erleben immer wieder Momente mit unseren Kindern, in denen wir uns im Nachhinein über uns ärgern, weil wir wissen, dass es besser gewesen wäre, anders zu reagieren oder sich anders zu verhalten. Doch wir sind alle nur Menschen mit unseren Stärken und Schwächen. Das ist das Leben!

TIPP

Egal, wie klein oder groß dein Kind ist: Es hilft, im Nachhinein kurz über die Situation zu sprechen - denn auf die Haltung kommt es an! So lernt dein Kind, dass auch du Fehler machst und welche Möglichkeiten es gibt, mit Fehlern umzugehen.

Wir konnten beobachten, dass bei vielen Menschen das Thema »Fehler machen« mit etwas Negativem verbunden wird und laden dich ein, »Fehler« als Herausforderungen und Lernchancen zu sehen. Nimm die Situation als Einladung, zu reflektieren und für dich etwas zu verändern. Und du weißt ja: Nur aus Fehlern kann man lernen!

#LEARNING

Wir haben gelernt, dass es eine unglaubliche Chance des Elternseins ist, dass wir in einer dauerhaften Reflexionsschleife stecken und so von Tag zu Tag, von Situation zu Situation, bewusster mit uns selbst werden. Spätestens, wenn dein Kind Wörter sagt, die du uncool findest und Sachen macht, über die du dich ärgerst, aber gleichzeitig weißt: »Oh, oh da hat mein Kind meine Sprache bzw. mein Verhalten absorbiert«, kommst du vielleicht ins Überlegen

Wir laden dich dazu ein, folgende Fragen mit in deinen Alltag zu nehmen und dich selbst zu beobachten:

Wie bin ich als Person? Bewege ich mich langsam und ruhig oder bin ich eher schnell und hektisch? Wie spreche ich? Bin ich ausgeglichen oder eher gestresst? Kann ich Situationen so annehmen, wie sie sind, oder rege ich mich schnell über etwas auf? Lasse ich den Wasserhahn zum Beispiel beim Geschirrspülen laufen, oder stelle ich ihn zwischendurch ab? Telefoniere ich während des Essens? Laufen der Fernseher oder das Radio dauerhaft im Alltag nebenher?

Wir verhalte ich mich meinem Kind gegenüber? Wie spreche ich mit ihm? Bitte ich es höflich, oder bin ich eher fordernd? Schaue ich es an, wenn ich mit ihm spreche? Bedanke ich mich, wenn es mir hilft oder mir etwas gibt?

Wir verhalten wir uns innerhalb der Familie untereinander? Wie sprechen wir miteinander? Wie ist unser Konfliktverhalten als Paar? Schauen wir aufeinander und sehen die Bedürfnisse aller Familienmitglieder?

Wie ist die Umgebung meines Kindes? Hat es zuhause eigene Bereiche? Kann es selbstständig agieren? Hat es eine reduzierte Auswahl an Spielsachen, oder herrscht Überfluss? Wie sind die Kontakte meines Kindes außerhalb der Familie? Wie agieren die Pädagogen, Großeltern, Freunde? Ist der Alltag im Außen oft laut und wild, oder eher ruhig und entspannt?

Wie benutze ich Gegenstände? Wie gehe ich mit Gegenständen, z. B. Messer, Schere, zerbrechlichen Gegenständen um? Wie nehme ich Dinge in die Hand? Schneide ich Obst oder Gemüse auf einem Brett, oder einfach schnell so nebenbei? Lege ich meine Wäsche sorgsam zusammen, oder wird sie einfach irgendwo hingeworfen? Lege ich Bücher auf dem Boden ab, oder stelle ich sie ins Regal zurück?

Babys sind wie Schwämme, die sich vollsaugen. Sie saugen nicht nur an der Mutterbrust, nein, sie saugen auch an der Welt. Und sie saugen die Welt in sich auf. Ganz aktiv.

Manfred Spitzer, Wie Kinder denken lernen

Du kannst dir hier die Fragen einfach als PDF downloaden und für dich ausfüllen!

Nachdem du deinen Ist-(Zu-)Stand analysiert hast, kannst du dir überlegen, was der Absorbierende Geist deines Kindes aufsaugen soll. Was für Erfahrungen soll es sammeln? Welche Werte möchtest du ihm mitgeben? Notiere dir, was dir dazu einfällt und greife dir Punkte raus, die du im Alltag umsetzen möchtest.

MERKE

Du bist der Filter für dein Kind!

Hier sind einige konkrete Beispiele, wie du Filter für dein Kind sein kannst:

- Sprich mit deinem Kind so, wie du möchtest, dass es spricht!
- Mit einer altersentsprechenden Vorauswahl setzt du klare Grenzen!
- Schaffe nach vielen Eindrücken im Außen, z.B. einem Ausflug/einem Fest/… Zeiten der Regeneration und Ruhe für dein Kind!

Der Absorbierende Geist nimmt alles auf, hofft alles; akzeptiert die Armut wie den Reichtum, akzeptiert jeden Glauben, die Vorurteile und Gebräuche seiner Umgebung: Er inkarniert alles. Das ist das Kind!

Maria Montessori, Das kreative Kind

Sensible Phasen

Die Sensiblen Phasen sind ein Phänomen der ersten Lebensjahre. Wenn wir junge Kinder beobachten, sind wir immer wieder fasziniert davon, wie einfach das Lernen sein kann. Sie lernen in so kurzer Zeit, mit einer großen Leichtigkeit, so unglaublich viel auf einmal. Würden wir Erwachsenen das Gleiche lernen müssen, wäre das eine ganz schöne Herausforderung für uns. Auch wenn unser Gehirn neuroplastisch ist und wir in der Lage sind, ein Leben lang zu lernen, gibt es doch einen Unterschied, der es den Kindern leichter macht: die Wirkung der sensiblen Phasen!

Hier eine Definition dieses Fachbegriffs mit Maria Montessoris Worten:

> *Es handelt sich um besondere Empfänglichkeiten, die in der Entwicklung, das heißt im Kindesalter der Lebewesen auftreten. Sie sind von vorübergehender Dauer und dienen nur dazu, dem Wesen die Erwerbung einer bestimmten Fähigkeit zu ermöglichen. Sobald dies geschehen ist, klingt die betreffende Empfänglichkeit wieder ab.*
>
> *Maria Montessori, Kinder sind anders*

Maria Montessori hat beobachtet, dass Kinder in bestimmten Zeitfenstern besonders empfänglich dafür sind, bestimmte Fähigkeiten besonders leicht zu erlernen. Es gibt Phasen, die über einen längeren Zeitraum andauern, wie beispielsweise die Sensible Phase für Sprache. Diese beginnt schon vor der Geburt und dauert bis ungefähr zum sechsten Lebensjahr an.

Die Sensible Phase für Ordnung hingegen ist in einem kürzeren Zeitraum zu beobachten und am stärksten im zweiten und dritten Lebensjahr ausgeprägt. Charakteristisch für eine Sensible Phase ist, dass sie sich langsam aufbaut, ihren Höhepunkt erreicht und dann nach und nach wieder abschwächt.

#LEARNING

Wir haben gelernt, wenn wir im Alltag achtsam beobachten, können wir möglicherweise Hinweise erkennen, welche Sensiblen Phasen zurzeit besonders wirksam sind.

Lass uns nun die einzelnen Sensiblen Phasen im Detail anschauen!

BEWEGUNG

Die Sensible Phase der Bewegungsentwicklung beginnt bereits im Mutterleib. Auch nach der Geburt bleibt die Sensible Phase für Bewegung bestehen und geht über das dritte Lebensjahr hinaus. Dadurch, dass dein Kind seinen Körper bewegt und damit seine Umgebung erkundet, nimmt es vielfältige Informationen auf. Dein Kind gewinnt Erkenntnisse darüber, wie sich beispielsweise welche Materialien anfühlen oder wie es ist, sich auf unterschiedlichen Untergründen (Fußboden im Haus, Wiese im Garten, Weg im Wald usw.) zu bewegen. Es verarbeitet diese Erfahrungen und entwickelt ein Verständnis für sich selbst und seine Umwelt. Wie kannst du dein Kind in dieser Sensiblen Phase nun am besten unterstützen?

- Ermögliche ihm möglichst viel freie und vielfältige Bewegung.
- Wähle geeignete Kleidung, die entsprechende Bewegungsfreiheit ermöglicht.
- Nutze Transportmittel bewusst.
- Lass dein Kind nur in Positionen kommen, in die es von selbst gelangt.
- Ermögliche deinem Kind sinnliche Erfahrungen, um seine Sinne zu schärfen. Lass es die Welt über seinen eigenen Körper wahrnehmen. Gib deinem Kind die Gelegenheit, ein sensorischer Entdecker zu sein.
- Lass dein Kind aktiv und selbständig mit der Umwelt interagieren.

SPRACHE

Die Sensible Phase der Sprachentwicklung beginnt bereits während der Schwangerschaft. Zu diesem frühen Zeitpunkt hat die Sprache viel mit dem Hören zu tun. Ab der 20. Schwangerschaftswoche ist das Innenohr deines Kindes komplett funktionsfähig, und es kann die Klänge und Stimmen in seiner Umgebung wahrnehmen. Nach der Geburt setzt sich die Sensible Phase der Sprache fort. In den ersten Lebensjahren erlebt dein Kind eine wahre »Explosion« von Wörtern, später dann von Sätzen.

Ab circa drei bis vier Jahren ist ein unglaubliches Interesse an Buchstaben zu erkennen, und viele Kinder habenjede Menge Freude daran, lesen und schreiben zu lernen.

Am Beispiel der Muttersprache ist das Phänomen der Sensiblen Phase der Sprache sehr gut zu verstehen, wie wir finden: Jedes Kind nimmt seine Muttersprache mit all seinen Worten und seiner Grammatik auf und spricht diese ganz ohne eine Art von Sprachunterricht oder bewusstem Lernen. Wie kannst du dein Kind in dieser Sensiblen Phase nun am besten unterstützen?

- Sprich mit deinem Kind.
- Lies ihm vor.
- Singe Lieder mit deinem Kind, reime …
- Benenne alle Gegenstände richtig.

MERKE

Bade dein Kind in Sprache, aber ertränke es nicht!

ORDNUNG

Die Sensible Phase für Ordnung beginnt bereits während der Schwangerschaft, hat eine hohe Wirkungsweise rund um das zweite und dritte Lebensjahr und nimmt dann nach dem dritten Lebensjahr allmählich ab. Wie kannst du dein Kind in dieser Sensiblen Phase nun am besten unterstützen?

- Schaffe Ordnung in deinem Zuhause.
- Bemühe dich um eine wiederkehrende Struktur im Tagesablauf.
- Lege eine überschaubare Anzahl von Regeln fest.

ASSIMILATION VON BILDERN

Die Sensible Phase des Assimilierens von Bildern ist eine Zeit, in der dein Kind bestrebt ist, visuelle Eindrücke in sich aufzunehmen und zu einem Teil seines Verständnisses der Welt zu machen. In dieser Phase assimilieren und absorbieren sich die Eindrücke ineinander.

Wie kannst du dein Kind in dieser Sensiblen Phase nun am besten unterstützen?

- Lass dein Kind visuelle Eindrücke aufnehmen, egal in welcher Form. Du kannst bereits deinem Baby ein Mobile anbieten oder Bücher mit deinem Kind anschauen, Bilder gemeinsam betrachten sowie Kunstwerke anschauen.
- Lass dein Kind in einem Bodenbett schlafen und verzichte (unbedingt) auf ein Gitterbett. Warum? Dein Kind kann das, was hinter den Gitterstäben ist noch nicht für sich »vervollständigen«, es sieht nur Streifen und dazwischen die Gitterstäbe.
- Bewegungsmatte am Boden, KEIN Laufstall, da auch hier dein Kind von Gitterstäben umgeben wäre.

KLEINE DINGE

Die Sensible Phase für kleine Dinge spielt eine bedeutsame Rolle in der Entwicklung und tritt ungefähr im zweiten Lebensjahr auf. Dein Kind ist hier äußerst interessiert daran, kleine Gegenstände wie Fusseln, Steine oder auch Käfer aufzuheben und zu besitzen. Dies hat eine große Bedeutung für dein Kind in Bezug auf das Konzept des Besitzes, und zudem ist es eine hervorragende Provokation für die Hand, um den Pinzettengriff zu üben. Wie kannst du dein Kind in dieser Sensiblen Phase nun am besten unterstützen?

- Gib ihm die Möglichkeit, kleine Dinge aufzuheben und (sie eine Zeit lang) zu besitzen. Nicht immer fällt uns dies leicht, besonders wenn die Dinge am Boden liegen oder sehr klein sind, da ein junges Kind sich daran verschlucken könnte. Wie gerne erkunden sie auch alles mit dem Mund! Aber solange du dabei bist und aufpasst, wirklich aufmerksam bist, gewährst du deinem Kind eine große Entwicklungschance.

VERFEINERUNG DER SINNE

Die Sensible Phase der Verfeinerung der Sinne tritt in der Regel ab einem Alter von etwa zweieinhalb Jahren auf. In dieser Phase entwickeln sich die Sinne deines Kindes weiter, und es wird besonders empfindlich für sensorische Reize. Wie kannst du dein Kind in dieser Sensiblen Phase nun am besten unterstützen? Ermögliche vielfältige Sinneserfahrungen, hier ein paar Beispiele:

- Geh mit deinem Kind raus in die Natur, lass es mit Steinen, Moos, Eicheln, Rinden o. Ä. spielen und experimentieren.
- Beziehe es beim Einkaufen und dem Zubereiten von Mahlzeiten mit ein, lass es dort an den einzelnen Lebensmitteln riechen und sie auch probieren.
- Lausche gemeinsam mit deinem Kind ganz bewusst. Was nehmt ihr wahr?

Hinweis: Das Sinnesmaterial von Maria Montessori ist hochgradig wissenschaftlich und mathematisch gestaltet, um das Kind bei der Verfeinerung seiner Sinneswahrnehmung zu unterstützen. Es gehört normalerweise in ein (Montessori-) Kinderhaus, in die Gruppe der drei- bis sechsjährigen Kinder, weil es eine fachlich korrekte Präsentation von geschulten Erwachsenen erfordert.

SOZIALE ENTWICKLUNG

Die Sensible Phase des Sozialverhaltens beginnt bereits um das erste Lebensjahr. In dieser Phase entwickelt das Kind ein Bewusstsein für sich selbst und seine Identität, um letztendlich Teil einer sozialen Gemeinschaft zu werden. Es muss sich zunächst als individuelles Ich finden, um dann Teil eines Wirs zu werden. Wie kannst du dein Kind in dieser Sensiblen Phase nun am besten unterstützen?

- Sei ein Vorbild.
- Lasse zu, dass dein Kind erst mal sich findet.
- Ermögliche ihm Kontakt mit anderen Kindern.
- Beschreibe du die Gefühle, die dein Kind erlebt.
- Zeige ihm, dass es schön ist, dass dein Kind Teil eurer Familie ist.

Weißt du um die Sensiblen Phasen und deren Wirkung, kannst du deinem Kind eine unterstützende Umgebung schaffen und als Mama/Papa achtsam sein, um ihm ein Erfahrungsspektrum zu bieten, das ihm auf seine aktuellen Sensiblen Phasen und die damit verbundenen Bedürfnisse Antwort gibt.

Wir laden dich ein, aufmerksam im Alltag zu sein! Beobachtest du bei deinem Kind auch ein besonderes Interesse? Ein Zeitfenster für eine besondere Empfänglichkeit?

MERKE

Gib deinem Kind Zeit und Raum, sich in seinem Tempo zu entwickeln!

HUMANE TENDENZEN

Wir kommen nun zur dritten großen Kraft, den Humanen Tendenzen. Was ist das nun wieder? Noch so ein fremdartiger Ausdruck. Stand da nicht vorhin leicht?! Bleib bitte da, es ist wirklich ganz einfach. Die Humanen Tendenzen sind natürliche Neigungen eines jeden Menschen auf der ganzen Welt. Diese Neigungen sind ein Leben lang aktiv, nur ihre Intensität ist in den unterschiedlichen Lebensphasen mehr oder weniger stark ausgeprägt. Das ist auch der Unterschied zu den Sensiblen Phasen und dem Absorbierenden Geist.

Um dir zu zeigen, wie die Humanen Tendenzen im Alltag wirken und wie du dein Kind dabei begleitest sein Potenzial und seine Kräfte zu entfalten, schauen wir uns jetzt gemeinsam die einzelnen Tendenzen im Detail an. Diese Liste ist übrigens nicht in Stein gemeißelt und kann immer wieder ergänzt werden.

EXPLORIEREN

Explorieren ist eine Tendenz, die sich je nach Alter sehr unterschiedlich zeigt. Beobachtest du dein Kind im ersten Lebensjahr, siehst du, dass es noch sehr intensiv seinen eigenen Körper entdeckt, seine Hände und Füße in den Mund nimmt. Ja, und auch viele andere Gegenstände steckt es in den Mund und entdeckt darüber die Welt. Wird dein Kind älter, bezieht sich das Explorieren immer mehr auf das Erforschen mit den Händen - es erfährt die Welt über die Sinne. Beobachten wir Kinder gegen Ende der ersten Entwicklungsstufe und dann auch Schulkinder können wir ihr Explorieren oft gar nicht mehr so konkret sehen, da es mehr und mehr im Kopf stattfindet und abstrakter wird. Eine sichere Bindungsebene ist eine Grundlage: Fühlt dein Kind sich sicher, kann es auch explorieren.

Vielleicht kennst du das: ihr seid in einer neuen, fremden Umgebung zu Besuch und dein Kind hängt nur an dir, weicht dir nicht von der Seite und braucht dich als sicheren Anker. Oder du denkst an die Eingewöhnung in Krippe oder Kindergarten ... Was ist wichtig:

- Lass dein Kind die Welt entdecken und explorieren.
- Biete vielfältige sensorische Erfahrungen an.
- Achte auf eine sichere Umgebung.

SICH ORIENTIEREN

Orientierung ist so wichtig! Warum? Kann dein Kind sich zeitlich, räumlich und personell orientieren, gibt ihm das Sicherheit. Fühlt es sich sicher, ist die Wahrscheinlichkeit, dass es sich entspannen kann, groß. Ist dein Kind ständig orientierungslos, entsteht ein permanentes Hab-Acht-Gefühl, das sein Nervensystem in einen dysregulierten Zustand versetzt.

Im gesamten Montessori-Konzept wird dir das immer wieder begegnen. Unser zweites Kapitel zu den Bereichen ist eine Antwort für dein Kind in eurem Zuhause, um ihm Orientierung zu geben. Zu wissen: Wo ist mein Platz zum Schlafen, zum Essen, wo werde ich gewickelt? - das gibt Sicherheit. Was ist wichtig:

- Etabliere eine Umgebung, in der die gleichen Tätigkeiten immer am selben Platz stattfinden.
- Benutze stets die gleichen Worte für Gegenstände und Abläufe.
- Kommt ihr z. B. in einer neuen Umgebung an, sprich mit deinem Kind, sage ihm, was ihm hier vertraut sein könnte. Baue eine Brücke, um dein Kind dabei zu unterstützen, sich zu orientieren.

ORDNEN

Ordnung hängt sehr eng mit der Humanen Tendenz der Orientierung zusammen. Gleichzeitig werden diese beiden Tendenzen von der Sensiblen Phase für Ordnung nochmals verstärkt, und es ist wie ein Booster, der sich dann im Elternalltag oftmals anstrengend und herausfordernd anfühlen kann.

Bei jungen Kindern ist die humane Tendenz der Ordnung oftmals zu beobachten, indem wir sehen, wie Kinder Kategorien bilden und wie wichtig die Ordnungsstruktur im Tagesablauf ist. Was ist wichtig:

- Achte im Alltag auf wiederkehrende Abläufe und halte sie selbst ein.
- Bereite dein Kind auf kleine und große Veränderungen vor.

KOMMUNIZIEREN

Dies ist eine sehr offensichtliche humane Tendenz. Kinder wollen kommunizieren, sie machen sich bemerkbar und treten mit uns in Kontakt. Zuerst über Laute, später über Worte und dann über Sätze. Doch neben den gesprochenen Worten findet auch unglaublich viel Kommunikation auf nonverbaler und paraverbaler Ebene statt.

Was ist wichtig:

- Kommuniziere aktiv mit deinem Kind, nimm es im Alltag auch sprachlich mit.
- Sei mit deiner Aufmerksamkeit bei deinem Kind.
- Sei Sprachvorbild

MIT DER HAND TÄTIG SEIN (MANIPULIEREN)

»Manipulieren« meint in diesem Zusammenhang »hantieren«, mit der Hand tätig sein. Maria Montessori spricht auch von der Hand als Werkzeug zur Intelligenz. Dein Kind muss mit ihr tätig sein können, um auch seinen Geist zu entwickeln. Sobald dein Kind laufen kann, sind seine Hände frei, und es will etwas damit tun. Meist sind es genau die Tätigkeiten, die wir im Alltag machen: Tisch decken, Wäsche aufhängen, Fenster putzen, kehren … Was ist wichtig:

- Lass dein Kind im Alltag teilhaben.
- Achte bei der Auswahl der Kleidung darauf, dass die Hände deines Kindes frei sind.
- Nimm deine eigenen Hände zurück, wo es dir möglich ist. Jeder Moment, in dem dein Kind aktiv ist, ist ein Moment des Lernens.

WIEDERHOLEN UND GENAU SEIN

Die Wiederholung ist eine Tendenz, die uns Eltern oftmals herausfordert, weil sie so anstrengend ist und wir uns bei dem Gedanken ertappen: »Komm, es reicht jetzt«, oder: »Muss das schon wieder sein?« Für dein Kind ist das Wiederholen aber unglaublich wichtig. Zum einen schult es damit sein Erinnerungsvermögen und zum anderen führt die ständige Wiederholung zur Genauigkeit und zu einer Vervollkommnung in seinem Prozess. Kinder müssen Tätigkeiten ungefähr 50 000-mal wiederholen, bis sie automatisiert sind.

Schenkt sich dein Kind selbst mit einem kleinen Krug Wasser in sein Glas ein und hat die Möglichkeit, dies jeden Tag mehrere Male zu tun, wird es durch das Wiederholen dieser Tätigkeit immer genauer und zielgerichteter Wasser einschenken können. Was ist wichtig:

- Schaffe Möglichkeiten für das Wiederholen im Alltag.
- Nimm dir die Zeit, damit dein Kind Dinge wiederholen kann.
- Nimm es mit Freude und Leichtigkeit, wenn du ein Buch zum fünften Mal in Folge vorlesen darfst ;-).
- Lass Wiederholung im Alltag zu.

MATHEMATISCHEN GEIST NUTZEN

Die Tendenz, den mathematischen Geist zu leben, ist in uns allen verankert. An dieser Stelle ein kurzer gedanklicher Stopp: Dies hat nichts mit Mathematik als Schulfach zu tun. Der mathematische Geist hängt eng zusammen mit den beiden Tendenzen Ordnung und Orientierung. Es geht darum, dass dein Kind eine reale Welt erlebt, in der es Erfahrungen sammeln kann, beispielsweise bezüglich seiner Wahrnehmung des kompletten Raums und seiner eigenen Lage in diesem Raum, wenn es als Baby auf dem Boden liegt. Oder dein Kind kann auch Erfahrungen bezüglich seines Kraftaufwands und seines Kraftpotenzials sammeln, wenn es beginnt, schwerere Gegenstände zu tragen.

Auch die Fortbewegung im Raum steht damit in Zusammenhang. Vielleicht war dein Kind zu Beginn wie ein »Staubsaugerroboter« unterwegs. Damit meinen wir nicht, dass es gesaugt hat, sondern dass es aneckte. Dein Baby merkte, dass es an gewissen Stellen nicht mehr weiter ging oder dass es auf eine Schwelle stieß.

Aber auch Reihenfolgen zu bilden, im Sinne von: »Welche Schritte mache ich nacheinander?«, zählt zum mathematischen Geist. Ein Beispiel hierfür ist die Abfolge beim Ausziehen: Zuerst den Reißverschluss öffnen, dann die Ärmel abstreifen, um die Jacke auszuziehen, sie dann auf den Garderobenhaken hängen usw. Ebenso gehört das Klassifizieren mit zu dieser Tendenz. Wir tun das im Alltag so häufig, ohne dass es uns bewusst ist, und so auch dein Kind. Es räumt gerne mit dir die Spülmaschine aus? Dann klassifiziert es! Messer zu den Messern, Gabel zu den Gabeln, Löffel zu den Löffeln, ein kleiner Teller auf den Stapel mit den kleinen Tellern usw.. Was ist wichtig:

- Gib deinem Kind die Möglichkeit, sich auf dem Boden zu bewegen und seine Umgebung zu erkunden.
- Lass es einfach Gegenstände tragen und transportieren.
- Gib deinem Kind Zeit für Tätigkeiten wie An- und Ausziehen, damit es diese Abläufe selbstständig absolvieren kann.

ABSTRAHIEREN

Auch die Vorstellungskraft ist als Tendenz in uns angelegt. Wir können und sollen uns Dinge oder Situationen vorstellen. Doch bei jungen Kindern entwickelt sich diese Fähigkeit erst, was wiederum unabdingbar mit der Entwicklung des Gehirns verbunden ist. Wichtig ist zu wissen, dass hier Realitätserfahrungen voraus gehen müssen. Dein Kind braucht also zunächst die echte Welt, um dann seine Imagination entwickeln zu können.

Ein erster Schritt ist hier das Phänomen der Objektpermanenz. Damit ist die Zeit in der Entwicklung deines Kindes gemeint, in der es realisiert, dass etwas nach wie vor existiert, auch wenn es augenscheinlich verschwunden ist. Bei bereits laufenden Kindern kannst du die weitere Entwicklung der Vorstellungskraft auch mit kleinen Aufträgen unterstützen, wie etwa: »Hole mir bitte die Kartoffeln aus der Speisekammer.«

Die Fähigkeit, die reale Welt von einer fiktiven, virtuellen, einer Phantasiewelt, wirklich unterscheiden zu können, benötigt Zeit, sich zu entwickeln. Viele Kinder sind hierzu aber in der zweiten Entwicklungsstufe fähig. Für dich als Mama oder Papa bedeutet es also, gut auszuwählen, welche Geschichten und Bücher für dein Kind in der ersten Entwicklungsstufe wirklich passend sind. Was ist wichtig:

- Spiele mit deinem Baby und Kleinkind Guck-Guck-Spiele.
- Wähle Bücher und Geschichten bewusst aus.
- Gib deinem Kind kleine, gezielte Aufträge.

SICH ANPASSEN

Dein Kind will dazugehören - im ersten Step zu eurer Familie. Es möchte sich aber nicht nur an eure Familie, sondern auch an das soziale Leben insgesamt sowie eure Kultur anpassen. Der Neurowissenschaftler Gerald Hüther spricht vom Gehirn als einem sozialen Organ. Damit meint er unter anderem, dass der Mensch nicht zum Alleinsein gemacht ist, sondern Kontakte bzw. eine Gruppe oder Familie braucht. Um sich an seine jeweilige Umgebung anpassen zu können, ist es für dein Kind hilfreich, wenn eure Kultur gegenwärtig ist, wenn es beispielsweise im Alltag erfährt, wie ihr euch begrüßt und wie ihr euch verabschiedet - von Familienmitgliedern, Freunden, Bekannten oder bei zufälligen Begegnungen. Dein Kind hat so die Möglichkeit, zu beobachten, ob Begrüßung und Verabschiedung mit allen Menschen gleich stattfinden oder ob es Menschen gibt, die euch als Eltern näher sind, die ihr vielleicht umarmt, und welche, denen ihr die Hand gebt. Zu anderen sagt ihr vielleicht »nur« Hallo oder Tschüss. Was ist wichtig:

- Biete deinem Kind Möglichkeiten, Gemeinschaft zu erfahren, z. B. regelmäßiges gemeinsames Essen.
- Überlege für dich, woran dein Kind sich anpassen soll, und stelle dies für dich bewusst in den Fokus.

SPIRITUELL SEIN

Bei der humanen Tendenz zur Spiritualität geht es eher um eine moralische Orientierung und um Wege, sich auszudrücken. Gemeint sind damit Ausdrucksformen wie Musik und Tanz oder auch das Malen, die das Finden eines eigenen, ganz individuellen Ausdrucks ermöglichen.

Ein großes Ziel in der Montessori-Philosophie der ersten Entwicklungsstufe ist es, dass dein Kind ein Kind seiner Zeit, seines Ortes und seines Raumes werden kann und Antworten in seiner Umgebung findet, um dies zu leben. Was ist wichtig:

- Gib deinem Kind die Möglichkeit, sich frei auszudrücken, z.B. durch Musik, Tanz oder Kunst.
- Lebe mit deinem Kind die Bräuche und Feste eurer Familie oder eures Umfelds.

DEIN KIND IM MITTELPUNKT

Maria Montessori sagt an vielen Stellen: »Schaut aufs Kind«, und stellt das Kind in den Mittelpunkt ihres Entwicklungskonzepts. Für dich als Mama oder Papa ist das vielleicht auch etwas befremdlich. Vielleicht fragst du dich: »Und was ist mit mir? Was ist mit meinen Bedürfnissen?« Dies sind überaus berechtigte Fragen! Natürlich hast du als Mama oder Papa auch Bedürfnisse, und die darfst du bitte keinesfalls vergessen. Natürlich bist du in deiner Rolle als Mama oder Papa wichtig für dein Kind, aber ebenso wichtig bist DU als Mensch, als Individuum, als eigene Persönlichkeit.

#LEARNING

Aus eigener Erfahrung können wir sagen, dass es uns sehr geholfen hat, den Blick auf unsere Kinder zu richten und sie in ihrer Entwicklung zu verstehen. Denn das hat auch bei uns als Mamas immer wieder zu Entspannung geführt.

Dein Kind kann noch nicht für sich allein sorgen, es ist auf dich angewiesen und von dir abhängig. Je jünger es ist, desto mehr ist dies natürlich der Fall. Denk nur mal an die Situation der Nahrungsaufnahme im ersten Lebensjahr - ohne fremde Hilfe wäre dein Kind hier völlig aufgeschmissen. Zudem ist es ihm noch nicht möglich, seine Bedürfnisse zurückzustellen. Es hat Hunger, und zwar *jetzt!* Wissen wir um diesen Zustand des jungen Kindes, ist es klar, dass es hier darum geht, prompt auf die Bedürfnisse des Kindes zu reagieren. Denn dir ist es ja möglich, vorausschauend dementsprechende Vorbereitungen zu treffen, um gut für dich zu sorgen.

Im vorherigen Abschnitt hast du viel über die Potenziale und Kräfte gelesen, die dein Kind mitbringt. Lass uns hier eine kleine Reise zu den Bedürfnissen deines Kindes machen. Sind die Grundbedürfnisse des Kindes gestillt, ist es wichtig, seine geistigen Bedürfnisse zu stillen. Dein Baby kommt mit circa 100 Milliarden Neuronen zur Welt! Das ist eine riesige Schatzkammer im Gehirn dieses kleinen Menschen, die genutzt werden will, und zwar von Anfang an. Das ist für uns auch eins der beeindruckendsten Aspekte im Montessori-Entwicklungskonzept: Die Materialien sind bereits von Geburt an auf den jeweiligen Entwicklungsstand und die möglichen Potenziale abgestimmt. Weiter unten gehen wir noch konkreter darauf ein.

MERKE
Es geht darum, dein Kind im Mittelpunkt zu sehen und ihm nach bestem Wissen und Gewissen das zur Verfügung zu stellen, was seiner Entwicklung dienlich ist und dazu beiträgt, sein eigenes Potenzial zu entfalten!

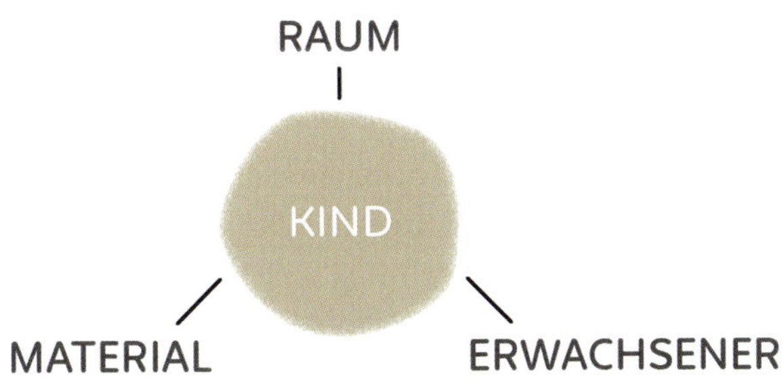

Dein Kind ist umgeben von der Welt, die wir uns jetzt etwas genauer anschauen wollen. Hierzu teilen wir sie in drei Aspekte auf:

- Menschen/Erwachsene
- Raum/Umgebung/Natur
- Material/Gegenstände/Spielmaterial

MENSCHEN

Der wohl wichtigste Part für dein Kind bist du als Mama oder Papa. Wie oben bereits beschrieben, ist es auf externe Hilfe angewiesen und braucht dich.

Neben dir als Elternteil wollen wir an dieser Stelle auch alle anderen Menschen sehen, die mit deinem Kind in Kontakt sind. Das können Geschwister sein, Großeltern, Tanten, Onkel, Cousins, Cousinen, Nachbarn, Freunde, Pädagogen usw.

Du kannst an dieser Stelle auf unserem Arbeitsblatt gern den Überblick machen und alle Personen nennen/aufschreiben, die ein Teil vom Leben deines Kindes sind. Danach laden wir dich dazu ein, an diese Stelle nur dich zu stellen, um explizit dich in Bezug auf dein Kind zu sehen.

Du nimmst als Mama oder Papa im Leben deines Kindes eine Art Schlüsselrolle ein. Du entscheidest, welche »Türen« du deinem Kind öffnest und welche verschlossen bleiben. Und mit »Türen« meinen wir an dieser Stelle auch den Raum und das Material, dazu kommen wir gleich. Aber in erster Linie geht es darum, dich als Tür zu sehen.

- Was lernt dein Kind durch dich?
- Welche Verhaltensweisen kann es absorbieren?
- Welche sprachlichen Möglichkeiten bietest du ihm?

RAUM

Euer Lebensumfeld hat eine Wirkung auf dein Kind. Wir nennen es hier Raum und meinen damit zum einen den Lebensraum, den Ort und die Gegend, in der ihr lebt. Gleichzeitig meinen wir auch euer Zuhause mit seinen einzelnen Räumen, und natürlich gehören weitere Räume deines Kindes dazu, wie z. B. eine Krippe oder ein Kindergarten.

Beim Absorbierenden Geist haben wir darüber gesprochen, wie wichtig es ist, Filter zu sein, und gerade an dieser Stelle möchten wir darauf noch einmal zurückkommen. Du entscheidest als Elternteil, in welchem Raum dein Kind lebt, wo du mit deinem Kind hingehst, welche Einrichtung ihr wählt usw. Das heißt, der Raum steht im engen Zusammenhang mit dir als Erwachsenem, weil du die Verantwortung hast. Und je jünger dein Kind ist, desto mehr triffst auch du noch die Entscheidung, wie sich das Umfeld gestaltet.

Und ja, uns ist bewusst, dass du nicht auf alles im Leben deines Kindes Einfluss hast. Es ist aber wichtig, genau hinzugucken, wenn es sich für dich nicht gut anfühlt. Du kannst dich fragen, welche Stellschrauben du drehen kannst, dass sich für dein Kind etwas verändert.

MATERIAL, GEGENSTÄNDE, SPIELMATERIAL

Mit »Material« meinen wir an dieser Stelle alle Gegenstände, Materialien und Spielzeuge, mit denen dein Kind aktiv ist. Um die »richtigen« Gegenstände auszuwählen, bilden deine Beobachtungsgabe und dein Wissen über die kindliche Entwicklung das Fundament. Weißt du, was wann ungefähr dran ist, bist du als Mama oder Papa vorbereitet und kannst deinem Kind ein Angebot machen. Ob es dann tatsächlich Interesse daran hat, ist aber wieder etwas anderes. Das weißt du nicht. Es kann sein, dass es im Moment einfach noch nicht passend ist, oder vielleicht auch schon zu langweilig, oder einfach gar nicht zum Interesse deines Kindes passt. Deshalb ist deine Beobachtung so, so wichtig! Dann kannst du direkt an die aktuelle Neigung deines Kindes anknüpfen und Materialien anbieten, die es gerade am meisten ansprechen.

Du kannst dir hier die Übersicht einfach als PDF downloaden und für dich ausfüllen.

HALTUNG UND BLICK AUFS KIND

Das Kind ist nicht ein leeres Gefäß, das wir mit unserem Wissen angefüllt haben und das uns so alles verdankt. Nein, das Kind ist der Baumeister des Menschen, und es gibt niemanden, der nicht von dem Kinde, das er selbst einmal war, gebildet wurde.

Maria Montessori, Das kreative Kind

Dieses Zitat bringt die Haltung und den Blick der Montessori-Philosophie, wie wir finden, ziemlich gut auf den Punkt: Dein Kind bringt einiges an Potenzialen mit, und deine Aufgabe ist es, das Vertrauen zu haben, dass es sie gemäß seinem Wesen entfalten wird. Du kannst deinem Kind eine entwicklungsgerechte Umgebung vorbereiten, schönes Material zur Verfügung stellen, es inspirieren und ihm Angebote machen - was es jedoch daraus macht, liegt nicht in deiner Hand!

Wir glauben, dass Beste, was du tun kannst - und wenn es das Einzige ist, was du aus diesem Buch mitnimmst - ist, deinem Kind spürbar zu machen, dass es genauso, wie es ist, richtig ist, und dass es bedingungslos geliebt und angenommen wird in seinem kompletten Sein - einfach, weil es so ist, wie es ist!

MERKE

Dein Kind tut nie etwas gegen dich, sondern immer für sich!

Was heißt das jetzt konkret für deinen Alltag mit deinem Kind:

- Gehe liebevoll und zugewandt mit deinem Kind um.
- Sage ihm, dass du es liebst.
- Vergleiche es nicht mit anderen Kindern.
- Wenn es dich das Verhalten deines Kindes triggert – schau hin, was es mit dir zu tun hat!

MONTESSORI ZUHAUSE – DIE BEREICHE DEINES KINDES

EINFÜHRUNG, ÜBERBLICK, BEGRIFFLICHKEITEN

Maria Montessori hat sich überlegt, wie eine förderliche häusliche Umgebung für junge Kinder aussehen kann. Bei der Gestaltung der Umgebung geht es immer darum, dein Kind und euch als Familie im Mittelpunkt zu sehen sowie Antwort auf die Bedürfnisse und Kompetenzen deines Kindes zu geben.

Dabei ist es egal, ob ihr in einer Zweizimmerwohnung oder in einem Einfamilienhaus lebt. Es geht darum, sich die einzelnen Bereiche bewusst zu machen und zu überlegen, wie diese in eurem Zuhause gestaltet werden können. Oftmals ist vieles bereits da, und kleine Veränderungen, indem man z. B. Dinge umfunktioniert, können deinem Kind im Alltag helfen.

Die Montessori-Philosophie wird oft reduziert auf das Material und die Raumgestaltung. Im ersten Kapitel haben wir dir bereits erzählt, wie viel mehr hinter diesem Ansatz, ja, dieser Philosophie, steckt. Jetzt nehmen wir dich mit auf eine Reise zu den Basics der Raumgestaltung beziehungsweise der Vorbereiteten Umgebung, wie Montessori sie nennt. Danach folgen Details zu den einzelnen Bereichen, die hier im Überblick für dich aufgeführt sind:

- Schlafen
- Körperpflege
- Nahrungsaufnahme
- Aktivität

Diese Bereiche verändern sich gerade innerhalb der ersten Lebensjahre deines Kindes immer wieder. Warum das so ist? Nun ja, dein Kind wächst, verändert sich schnell und braucht immer wieder eine neue oder veränderte, angepasste Umgebung im jeweiligen Bereich. Darauf kommen wir aber später noch genauer zu sprechen. Wichtig ist bei all dem, immer dein Kind im Blick zu haben!

Du kannst dir hier eine praktische Liste mit Produktempfehlungen downloaden und ersparst dir so mühevolles, stundenlanges Suchen nach geeigneten Produkten.

BASICS ZUR RAUMGESTALTUNG

RAUM UND PLATZ

Dein Kind braucht ein Stück weit Platz und Raum - das muss nicht viel sein, aber es ist wichtig, dass es Seins hat. Es braucht kein eigener Raum zu sein, aber in den Zimmern zumindest einzelne kleine Bereiche. Es macht etwas mit deinem Kind, wenn es spürt: »Ich habe hier Platz«, »Ich bin willkommen«, »Das ist mein Bereich«.

WENIGER IST MEHR

Das ist ein bekannter Grundsatz, und gefühlt hören wir diesen in vielen Bereichen - auch unabhängig von der Raumgestaltung. Bezüglich der Einrichtung deines Zuhauses ist es für dein Kind und seine Entwicklung hilfreich, wenn du dich auf das Wesentliche beschränkst, unnötige Dinge und Überfüllung vermeidest. Denk hier noch einmal an den Absorbierenden Geist: Dein Kind nimmt immerzu alles ungefiltert auf. Ist in der Umgebung weniger, kann es sich viel leichter auf die Dinge konzentrieren, die wirklich wichtig sind.

ORDNUNG

Ist, wie bereits oben genannt, weniger vorhanden, fällt es viel leichter, Ordnung zu halten. Eine Aussage von Maria Montessori ist, dass eine äußere zu einer inneren Ordnung führt. Was auch erklärt, warum der Stellenwert der Vorbereiteten Umgebung im Rahmen des Montessori-Konzepts so wichtig ist: Denn das Ziel für das Kind ist es, bei sich zu sein und fokussiert zu agieren. Dein Kind erfährt so weniger Ablenkung, hat eine klarere Struktur und kann so zielgerichtet und effizient sein.

SELBSTSTÄNDIGKEIT

Ein wichtiger Aspekt, den wir dir von Herzen empfehlen, immer im Hinterkopf zu haben, ist der Aspekt der Selbstständigkeit. Wohl eins der bekanntesten Zitate von Maria Montessori lautet: »Hilf mir, es selbst zu tun«. Bereitest du etwas für dein Kind vor, denke immer daran, was es zur Unterstützung braucht.

KÖRPERPROPORTIONEN

Um selbstständig tätig sein zu können, braucht dein Kind Gegenstände, die zu seiner Körpergröße passen. Schau dir die Größe seiner Hand an: Welchen Krug könnte dein Kind gut greifen und damit eingießen? Einen Krug mit 200 ml, 500 ml oder 1 L Fassungsvermögen? Stell dir vor, wie es für dich wäre, wenn du mit einem 10-L-Krug in ein Glas eingießen solltest!

Das ist an dieser Stelle nur ein Beispiel. Du findest im Abschnitt zu den einzelnen Bereichen und auch bei den Aktivitäten immer wieder Hinweise und Ideen für den Einsatz von Gegenständen, die zu den Körperproportionen deines Kindes passen.

ÄSTHETIK, SCHÖNHEIT, ATTRAKTIVITÄT

Ästhetik kann für jeden Menschen etwas ganz Unterschiedliches sein. Bereitest du einen Bereich oder auch eine Aktivität für dein Kind vor, dann mach es so, dass es in dir das Gefühl auslöst: »Oh, wie schön ist das«, »Das gefällt mir« und: »Das würde ich auch gerne machen«. Ist etwas attraktiv und ansprechend gestaltet, lädt es zum Aktivsein ein. So kann dein Kind explorieren, mit der Hand tätig sein, wiederholen und sich entwickeln.

FARBEN

Farben haben Wirkungsweisen. Es ist hinlänglich bekannt, dass beispielsweise Rot oder Orange eher aktivierend und belebend wirkt und Grün eher beruhigend und ausgleichend. Farben sind ein komplett eigener Bereich innerhalb des Montessori-Konzepts. Es gibt eine Reihe von Büchern, die sich nur diesem Thema widmen. Wir wollen hier für dich konkret Empfehlungen geben, welche Farben einem jungen Kind guttun und welche förderlich für seine Entwicklung sind. Generell empfehlen sich eher gedeckte, pastellige Töne bzw. Naturfarben. Das Farbkonzept sollte die Entwicklung des Sehvermögens stimulieren, dein Kind aber nicht überfordern.

LICHT

Licht spielt in der Gestaltung der Umgebung auch eine wichtige Rolle. Optimal für Aktivitäten ist natürliches Tageslicht. Beim Schlafen oder auch beim Stillen ist es hilfreich, wenn das Licht gedimmt werden kann. Generell ist für Babys und junge Kinder warmes Licht besser und angenehmer als kaltes Licht.

SICHERHEIT

Egal, was du für dein Kind vorbereitest, habe immer auch den Sicherheitsaspekt im Hinterkopf. Dein Kind soll sich frei bewegen und ungehindert agieren können. Dabei ist es aber natürlich wichtig, dass es nicht zu Schaden kommt. Die Vorkehrungen, die hier zu treffen sind, sind sehr vielfältig, weil sie natürlich vom Entwicklungsstand und der Persönlichkeit deines Kindes abhängen.

Du kannst dir hier einfach eine Checkliste als PDF downloaden und ausdrucken!

Bereich zum Schlafen

Die Haltung, wie und wo Kinder am besten schlafen und wie Kinderschlaf zu sein hat, ist sehr kulturabhängig und hängt ganz viel mit den eigenen Erfahrungen zusammen.

Wir stellen dir hier Ideen und Möglichkeiten vor, wie der Schlafbereich für dein Kind aussehen könnte. Wir wünschen uns, dass du dies als Inspiration und Anregung verstehst und dann selbst genau schaust, was für dich bzw. für euch als Familie ein passender Weg ist.

- Nur du kennst dein Kind am besten und weißt, was es braucht.
- Nur du bist der Experte für eure Familie.
- Nur du kennst deine eigenen Bedürfnisse.
- Deshalb ist es so, so wichtig, dass *du* eigenverantwortlich handelst - für dein Kind, dich und deine Familie.

Kommt dein Baby zur Welt, ist erst einmal alles neu, wirklich alles. Um deinem Baby zu helfen, in seiner neuen Umgebung anzukommen, kann man Bezugspunkte schaffen. Für das Schlafen würde dies bedeuten, einen festen Bereich zu etablieren, in dem dein Kind schläft.

Für die ersten Wochen und Monate bietet sich hier ein sogenanntes Cestina (Moseskorb) wunderbar an. Das ist ein geflochtener Korb mit einer festen Matratze, in dem dein Kind sowohl tagsüber als auch nachts schlafen kann.

Dein Baby hat also einen festen Ort, einen Bezugspunkt, den es mit Ruhe und Schlafen verbindet. Das Cestina kannst du nachts neben dein Bett stellen und tagsüber kannst du es in ein anderes Zimmer oder auch in den Garten mitnehmen. So hat dein Baby immer die gleiche Umgebung zum Einschlafen, was ihm Sicherheit und Geborgenheit vermittelt.

Merkst du, dass dein Baby müde wird, kannst du das Cestina auch einfach schon einmal auf den »künftigen Schlafplatz«, das Bodenbett (den Begriff erklären wir weiter unten genauer). So hat dein Baby sein bekanntes, vertrautes Cestina, befindet sich aber schon in der »neuen« Umgebung des Bodenbetts.

Wenn es schließlich dort immer und immer wieder aufwacht, wird es immer vertrauter mit seiner Umgebung und fühlt sich sicher. Hier gibst du deinem Kind die Möglichkeit, mit etwas bereits Vertrautem, dem Cestina, hin zu etwas Neuem, dem Bodenbett, einen sanften Übergang zu gestalten.

Was wir persönlich als »Alternative« zum Cestina für eine gute Idee halten und was aus der eigenen Erfahrung auch sehr hilfreich war, ist ein sogenanntes »Nestchen«. Das kann nämlich auch leicht und unkompliziert transportiert werden. In diesem Nestchen erfährt dein Kind die gleiche, konstante Schlafumgebung – egal, in welchem Bett es schläft –, was wiederum für Sicherheit sorgt. Es gibt Babys, die gerade am Anfang so eine Begrenzung um sich herum als angenehm empfinden. Besonders dafür eignet sich ein Nestchen sehr gut.

#LEARNING

Eines meiner Kinder kam als Frühchen zur Welt, und gerade da war unser Babynestchen unheimlich wertvoll. Das Nestchen bot meinem Baby eine begrenzte und gemütliche Umgebung, die ein Gefühl von Schutz und Geborgenheit vermittelte, ähnlich wie auch in Mamas Bauch. Außerdem ist es für Frühgeborene oft schwierig, Reize zu verarbeiten. Überdies sind sie generell empfindlicher gegenüber ihrer Umgebung. Das Nestchen half uns dabei, Reize zu reduzieren und eine ruhige Umgebung zu schaffen, die für die Entwicklung förderlich war.

Und jetzt zum Bodenbett: Was ist das eigentlich genau und warum braucht dein Baby ein Bodenbett? Damit ist lediglich eine feste Matratze auf einem Lattenrost gemeint, die zusätzlich auch noch einen Holzrahmen haben kann. Das ist es auch schon. Die Vorteile eines Bodenbetts haben zum einen mit der Wahrnehmung und zum anderen mit der Bewegungsentwicklung zu tun.

Liegt dein Baby auf dem Boden bzw. auf der niedrigen Matratze, nimmt es die Umgebung, den Raum, aus dieser Perspektive wahr. Würde dein Baby in einem Gitterbett liegen, dann liegt es erhöht, somit ist das, was dein Kind vom Raum wahrnehmen kann, beschränkt.

ÜBUNG

Probiere das einfach einmal selbst aus: Lege dich auf deinen Esstisch - ja, zugegeben etwas strange, aber: Just do it! - und schau dich bewusst um. Kurz danach legst du dich auf den Fußboden und schaust dich um. Was nimmst du wahr?

Diese Übung ist definitiv kein Scherz. Probiere es aus! Wir haben das schon mit vielen Erwachsenen gemacht, und es ist so spannend, wie viele Aha-Erlebnisse wir erleben durften. Dein Vorteil als Erwachsener ist noch dazu, dass du schon weißt, wie der Bereich im Raum aussieht, den du gerade nicht sehen kannst. Dein Baby verfügt allerdings noch nicht über diese Vorstellungskraft, sondern baut sie erst auf. Mit dem Bodenbett gibst du deinem Baby eine Möglichkeit dafür.

Ein Gitterbett hat zusätzlich auch Gitterstäbe. Dies bedeutet, dass dein Baby immer nur den Zwischenraum zwischen den Stäben sieht, da es noch nicht das ganze »Bild« kennt und seine Vorstellungskraft noch nicht so weit entwickelt ist, dass es das, was hinter den Gitterstäben ist, »füllt«.

Kann dein Baby sich nach und nach fortbewegen (robben oder krabbeln), hat es bei einem Bodenbett die Möglichkeit, selbst in sein Bett zu kommen, wenn es müde ist. Wenn es wieder fit und ausgeschlafen ist, kann es sich aus dem Bett heraus bewegen, aufstehen sozusagen, um wieder aktiv zu sein.

Die Fragen aller Fragen zum Thema Schlaf: »Schläft dein Baby/Kind schon in seinem eigenen Zimmer? Und schläft es durch?« Keine Ahnung, wie oft wir diese Fragen selbst gehört haben! Auch von anderen Eltern wissen wir, dass Kinder oft über ihre Schlafqualität bzw. ihren Schlafort definiert werden.

Aus der Evolutionsbiologie wissen wir, »dass kleine Kinder nicht auf selbstständiges Schlafen angelegt sind. Um den Schlaf zu meistern, brauchen sie – zumindest eine Zeit lang – Hilfe.«

Herbert Renz-Polster, Kinder verstehen

Zudem entsteht ein Gefühl von Schutz und Sicherheit, wenn sie in der Nähe von anderen, ihnen vertrauten Personen schlafen. Wie lang »eine Zeit lang« ist, ist sehr individuell.

ÜBUNG

In unseren Beratungen haben wir von Babys, die mit vier Wochen ins eigene Kinderzimmer gezogen sind, bis hin zu Schulkindern, die sich ein Schlafzimmer mit den Eltern und Geschwistern teilen, schon ziemlich viel erlebt. Wichtig ist, dass jede Familie ihren eigenen, authentischen Schlafweg findet. Und alles ist okay, solange es für dich, dein Kind und euch als Familie okay ist! Bleibt entspannt! Macht euer Ding und lasst die anderen ihres machen!

Was aus unserer Perspektive wichtig ist, ist das dein Kind einen eigenen Schlafplatz hat, sprich einen Platz, der ihm bekannt ist als Ort zum Schlafen. Einen Platz, an dem es weiß: »Hier kann ich zur Ruhe kommen«, »Hier bin ich sicher«, »Hier fühle ich mich wohl und geborgen« und: »Hier schlafe ich entspannt ein«. Das kann sein:

- ein Cestina/Moseskorb
- ein Beistellbett
- ein Bodenbett
- ein Familienbett
- ein Geschwisterbett/Hochbett
- Oder vielleicht hab ihr noch eine ganz andere Idee!

Tipps für den Schlafbereich:

- Achte auf eine reizarme Umgebung. Es ist nicht nötig, Mobiles oder andere Dinge zur Ablenkung in die Nähe des Schlafbereichs zu hängen – die kommen in den Bereich der Aktivität. Im Bett geht es darum, einzuschlafen und dann erholsam zu schlafen!
- Achte darauf, dass der Schlafbereich abgedunkelt werden kann. Ein dunkler Raum unterstützt die Melatoninbildung, die das Zur-Ruhe-Kommen und Einschlafen erleichtert.
- Nutze verschiedene Lichtquellen oder Lampen, die dimmbar sind! Liest du vor dem Schlafengehen noch vor, ist ggf. ein helleres Licht nötig als dann zum Einschlafen. Manche Kinder mögen es auch richtig dunkel, das ist sehr unterschiedlich.
- Achte darauf, dass im Außen Ordnung ist! Wir hatten das schon an anderer Stelle erwähnt: »Äußere Ordnung führt zur inneren Ordnung.« Erinnerst du dich? Das kann auch beim Einschlafen einen positiven Effekt auf dein Kind haben.

#LEARNING

Was sich aus unserer Sicht bewährt hat, sind sogenannte »Bettschlangen« oder das Stillkissen als Begrenzung. Das ist aber natürlich sehr davon abhängig, was dein Kind braucht und ihm guttut.

#LEARNING

Nimm dir selbst einen Augenblick Zeit und gehe in dich:

- Wie hast du selbst als Kind geschlafen?
- Wie war das für dich?
- Welche Erfahrungen hat dein Partner/deine Partnerin gemacht?
- Welches Schlafarrangement ist für dein Kind stimmig?
- Was ist für euch als Familie stimmig?
- Wie sind eure räumlichen Gegebenheiten?

Lass die Fragen wirken, spüre immer wieder hin, geh in den Austausch mit deinem Partner/deiner Partnerin und beobachte dein Kind. Es gibt nicht diesen einen Weg! Menschen sind vielfältig und individuell, und das Wichtigste ist, dass alle Familienmitglieder sich im Schlaf erholen können und am nächsten Tag energiegeladen aufwachen.

Du kannst dir hier die Fragen einfach als PDF downloaden und ausdrucken!

BEREICH ZUR NAHRUNGSAUFNAHME

Dies ist ein Bereich, der sich für dein Kind im Laufe des ersten Lebensjahres sehr stark verändert. Von der liegenden/gehaltenen Position und dem Gestillt- bzw. Gefüttertwerden hin zum aufrechten Sitzen und eigenständigen Essen. Es sind unglaubliche Meilensteine und Entwicklungsschritte, die dein Kind in dieser kurzen Zeit zurücklegt, bis es dann ganz selbstverständlich am Familientisch mitisst. Je nachdem, in welcher Phase der Entwicklung sich dein Kind gerade befindet, braucht es eine andere vorbereitete Umgebung. Dies wird dir vermutlich gerade in diesem Bereich besonders deutlich werden.

Somit sind es je nach Entwicklungsstand drei unterschiedlich gestaltete Umgebungen zur Nahrungsaufnahme. Diese wollen wir mit dir jetzt einmal genauer unter die Lupe nehmen:

- Stillen bzw. Füttern mit der Flasche
- Zeit der Beikost/Übergangsphase
- Selbstständiges Essen am Familientisch

Egal, wie alt dein Kind ist, Nahrungsaufnahme ist so viel mehr als nur Essen! Es geht immer auch um Zeit miteinander, um ein Beisammensein, um soziale Interaktion in einer gemütlichen Atmosphäre. Und selbstverständlich auch um das sinnliche Entdecken und Erforschen der Lebensmittel.

STILLEN BZW. FÜTTERN MIT DER FLASCHE

Egal, ob du als Mama stillst oder dich für das Füttern mit der Flasche entscheidest, es ist gut, einen Bereich zu haben, an dem für dein Baby klar ist: Hier geht es um die Nahrungsaufnahme!

Dieser Platz sollte für dich als Mama richtig schön sein, du sollst dich dort wohl fühlen und entspannen können.

ÜBUNG

Nimm dir einen Moment Zeit und geh durch dein Zuhause, schau dich bewusst um. Wo könnte für dich der perfekte Ort zum Stillen/Füttern mit der Flasche sein? Setz dich dort einmal hin. Was siehst du? Fühlt sich das gut an? Wie ist das Licht dort? Probiere das wirklich aus und schau genau, was für dich stimmig ist.

Tipps für den Bereich zum Stillen bzw. Füttern mit der Flasche:

- Der Platz an sich sollte für dich vor allem bequem sein. Das kann ein Sessel mit einem Hocker oder einer Fußbank sein oder auch das Sofa, oder was es noch so für bequeme Möglichkeiten in deinem Zuhause gibt.
- Neben deinem Sitzplatz ist eine kleine Ablagemöglichkeit hilfreich, wie beispielsweise ein Regal oder ein kleiner Tisch. Dort kannst du dein Getränk abstellen, Stilleinlagen oder Tücher etc. ablegen.
- Sehr schön ist es auch, wenn du die Möglichkeit hast, eine kleine Lampe zu platzieren oder im Raum das Licht zu dimmen. Gerade für das Stillen am Abend oder in der Nacht ist das einfach gemütlich.

Vermutlich wirst du auch mal an anderen Orten stillen oder füttern, und das ist auch völlig okay. Bei diesem Bereich geht es vor allem um die erste Zeit des Ankommens und dass dein Baby Klarheit erfährt: Jetzt geht's um das Essen, jetzt ist die Mama nur für mich da, hier kann ich entspannen, loslassen und mich einlassen auf die Nahrungsaufnahme.

ZEIT DER BEIKOST, ÜBERGANGSPHASE

Die Zeit der Beikost - eine enorme Veränderung! Die Position deines Kindes hat sich zu einer Sitzposition verändert. Dadurch kann eine neue Beziehungsebene entstehen. Hast du vorher gestillt, kommt jetzt auch neu hinzu, dass dein Partner/deine Partnerin dein Kind beim Essen begleiten kann, wofür vorher ausschließlich du da warst. Es ist ein weiterer Prozess des Abnabelns, ein Übergang hin zu einem Stück mehr Selbstständigkeit deines Kindes. Für dich entstehen so neue »Freiräume«, wenn du nicht mehr voll stillst und andere Bezugspersonen diesen Part mit übernehmen können.

Wann ist der richtige Zeitpunkt für den Start der Beikost? Hier ein paar Beobachtungskriterien, die darauf hinweisen können, dass dein Kind bereit für andere Nahrung ist:

- Es bekommt die ersten Zähne.
- Dein Kind kann selbstständig und frei sitzen.
- Es beobachtet dich oder andere Personen ganz interessiert beim Essen und greift danach.

Tipps für den Essbereich zu Beikostbeginn:

- Maria Montessori empfiehlt für diese Phase einen sogenannten Abstilltisch und einen Abstillstuhl. Das sind ein niedriger Tisch und ein niedriger Stuhl, auf den dein Kind selbstständig hinaufkommt, und auch wieder hinunter. Die Sitzfläche ist tief, damit dein Kind die Füße mit auf die Sitzfläche legen kann.
- Alternativ dazu kann auch ein Hochstuhl genutzt werden, der am Familientisch steht. Wichtig ist, dass die Füße deines Kindes nicht in der Luft baumeln, sondern es eine Trittfläche zum Abstellen gibt. Sogenannte »Tripp-Trapp-Stühle« eignen sich hier aus unserer Erfahrung sehr gut.
- Ein Tischset mit Umrandungen für den Teller, ein Besteck und ein Glas helfen deinem Kind sich zu orientieren, wo was hingehört.

Damit du gar nicht erst lange nach einem geeigneten Tischset suchen musst, haben wir dir hier ein superpraktisches Tischset zum Downloaden und Ausdrucken vorbereitet. Dieses Tischset hat uns schon oft den Alltag zuhause erleichtert und sieht noch dazu wirklich hübsch aus!

- Biete deinem Kind von Anfang an echtes Geschirr und Besteck an. Damit meinen wir Utensilien aus Glas, Porzellan oder Keramik. Warum? Es ist es schwerer als Kunststoff/Plastik und steht somit besser und stabiler auf dem Tisch, es bietet eine andere Haptik und es ist zerbrechlich. Was soll daran bitte gut sein, dass es kaputtgehen kann? Nun ja, nur so kann dein Kind von Anfang an auch die Erfahrung machen, dass Geschirr zerbricht, wenn es runterfällt. Es lernt also von Beginn an, dass man es vorsichtig behandeln sollte. Wichtig ist uns an dieser Stelle, dich darauf hinzuweisen, dass du wirklich nur Geschirr auswählen solltest, an dem du nicht hängst und bei dem es für dich nicht schlimm ist, wenn es kaputt geht.
- Für das erste Besteck eignen sich oft Espressolöffel oder Besteck aus Metall aus dem Bedarf für Puppenküchen sehr gut, weil sie optimal zu den Proportionen der kleinen Hände passen.

- Das erste Glas sollte ebenfalls sehr klein sein. Hier eigenen sich Schnapsgläser sehr gut für die Größe der kleinen Kinderhände.
- Gerade für die ersten Essversuche empfehlen wir dir, Lätzchen zu verwenden. Das Angebot hier ist uferlos. Bei der Auswahl ist es wichtig, darauf zu achten, was dein Kind gerne mag. Viele Kinder möchten das Lätzchen allein anziehen, und dafür eignet sich eines mit Gummizug sehr gut. Andere Kinder mögen es lieber, wenn es mit Klett oder Bändern verschlossen werden kann.
- Lege deinem Kind gern von Beginn an eine kleine Stoffserviette und/oder ein nasses Tuch bereit. So hat es jederzeit die Möglichkeit, sich Hände und Mund zu säubern.
- Dir können wir noch ans Herz legen, immer einen Lappen bereit zu halten, dann kannst du entspannt sitzenbleiben wenn mal etwas verschüttet wird.

MERKE

Wenn etwas zu Bruch geht, dann ist es wichtig, wie du damit umgehst! Du könntest z. B. sagen: »Die Schale ist zerbrochen, bleibe, wo du bist, ich hole Kehrschaufel und Besen und kümmere mich darum.« Für junge Kinder ist der Moment, in dem etwas zerbricht, oftmals an sich schon sehr schlimm. Auch, wenn du dich vielleicht kurz ärgerst, was absolut verständlich ist, vergiss bitte nicht, auch dein Kind zu sehen. Es ist vielleicht selbst traurig und braucht deine liebevolle Begleitung.

TIPP

Es bietet sich sehr gut an, hier von Anfang an Gewohnheiten, wie beispielsweise das Händewaschen vor und nach dem Essen, zu etablieren. Dein Kind nimmt es so von Anfang an als selbstverständlich wahr und es wird zu einer Gewohnheit.

»SELBSTSTÄNDIGES« ESSEN

Nach und nach wird dein Kind immer mehr Mahlzeiten gemeinsam mit dir bzw. euch als Familie einnehmen. Einige Aspekte, die wir dir hier empfehlen, sind absolut gleichbleibend zum Punkt vorher, wie beispielsweise »echtes« Geschirr, ein Tischset, eine Serviette usw.

Was sich jedoch ändert, ist, dass dein Kind irgendwann anfängt zu laufen. Dann sind seine Hände frei, und du kannst es in die Prozesse der Vor- und Nachbereitung des Essens intensiver einbeziehen. Zudem ist es gut, immer wieder zu überprüfen, ob die Proportionen der Gegenstände noch gut für dein Kind passen. Beim Tischset kannst du nach einiger Zeit auch umstellen, dass mehr Besteck bereitliegt und dein Kind so auch den Umgang mit Messer und Gabel üben kann.

Tipps für den Essbereich:

- Wir empfehlen entweder einen niedrigen Tisch und Stuhl oder einen »Trip-Trap-Stuhl« am Familientisch. Es kann auch beides geben, und für Kinder ist es oft ganz schön, wenn beispielsweise Snacks gemeinsam am niedrigen Tisch gegessen werden und die Hauptmahlzeiten dann am hohen Tisch. Schau hier einfach, was sich räumlich bei euch gut anbietet und was zu dir und deiner Familie passt!
- Mach deinem Kind die Utensilien (beispielsweise Schüssel, Löffel, Glas, Lätzchen, Serviette), die es zum Essen braucht, frei zugänglich, beispielsweise in einem kleinen Regal, in einem Küchenschrank oder einer Schublade. So kann es selbst aufdecken, was es braucht. Hier reicht eine überschaubare Auswahl! Dies sind kleine Tools, die deinem Kind Antwort geben auf seine Sensible Phase für Ordnung und seine Humane Tendenz der Orientierung!

- Platziere die Lebensmittel am Tisch so, dass sie für dein Kind greifbar sind und es selbst wählen kann. Das geht nicht mit allem – bei heißen Töpfen und Pfannen geht der Sicherheitsaspekt vor. Und je nachdem, wie weit die sprachliche Entwicklung deines Kindes ist, stecken hier auch unendlich viele Möglichkeiten für Sprachanlässe drin.
- Lass dein Kind selbst nehmen, was es essen möchte! Beim Stillen ist es noch selbstverständlich, dass dein Kind trinkt, wenn es hungrig ist und aufhört, wenn es fertig ist. Sobald wir als Eltern sehen, was und wie viel das eigene Kind isst, kommt oftmals eine Wertung von »viel« oder »wenig« mit hinein, und unser Anspruch als Erwachsene, was ein Kind zu essen hat.

Wir laden dich ein, dein Kind gut zu beobachten und es dabei zu unterstützen, auf seine Körpersignale von Hunger und Sättigung zu hören.

Mögliche Aktivitäten rund um das Essen

- Aufdecken und Abräumen des Tisches
- Tisch und ggf. Stuhl abwischen/reinigen
- Boden kehren
- Geschirrspüler einräumen
- … mehr dazu später.

So entwickelt sich der Bereich der Nahrungsaufnahme:

BEREICHE ZUR KÖRPERPFLEGE

Hierbei handelt es sich um Bereiche, die sich während der ersten Lebensjahre immer wieder verändern. Je nach Alter und Entwicklungsstand braucht dein Kind eine andere vorbereitete Umgebung. Hast du ein Neugeborenes, das gewickelt wird, braucht das eine andere Umgebung als ein Kind im Alter von beispielsweise vier Jahren, das im Bad »nur noch« einen Hocker benötigt, um selbst an den Wasserhahn zu kommen, und das sich um seine Körperpflege schon in weiten Teilen selbst kümmern kann. Dazwischen liegt unter anderem der Weg von der Windel zur Toilette. Wir haben uns überlegt, die einzelnen Bereiche der Körperpflege hier wie folgt aufzuteilen:

- Wickeln
- Töpfchen und Toilette
- Baden und Duschen
- Hände und Gesicht waschen
- Zähne putzen
- Haarpflege
- an- und ausziehen

WICKELN

Der Bereich zum Wickeln sollte sowohl für dein Kind schön und angenehm gestaltet als auch für dich als Mama oder Papa praktisch und durchdacht sein. Du wirst dein Kind mehrmals am Tag wickeln, anziehen, ausziehen, und es ist etwas Wunderbares, wenn man in diesen Situationen entspannt ist, weil die Umgebung gut vorbereitet ist.

Wichtig ist, dass die Höhe der Wickelgelegenheit zu deiner Körpergröße passt. Wir empfehlen hier deine Hüfthöhe. Ist die Wickelgelegenheit zu niedrig, kann das für deinen Rücken auf Dauer unangenehm sein, ist sie zu hoch, kannst du dich nicht so gut über dein Kind beugen und musst dich immerzu strecken.

Ob es sich beim Wickelplatz um eine klassische Wickelkommode handelt, eine vorhandene Kommode, einen Tisch oder eine Waschmaschine mit Aufsatz – das ist vollkommen egal. Wichtiger finden wir, dass es ein fester, immer gleichbleibender Platz ist. So kann dein Baby einen Bezugspunkt etablieren –

du erinnerst dich an die Bedeutung der Bezugspunkte –, es lernt die Abfolge der einzelnen Schritte kennen, kann sich darauf einstellen und gewinnt an Sicherheit. Als Unterlage empfiehlt sich etwas Waschbares, ein Handtuch oder ein Moltontuch.

Gerade für die erste Zeit ist es sehr empfehlenswert, eine Wärmelampe zu verwenden, damit dein Baby nicht zu schnell auskühlt und es Körperpflege auch als etwas Schönes, Entspanntes und Angenehmes empfindet.

Hilfreich sind eine Ablage, Körbe oder Boxen für alle Utensilien, die du zur Pflege benötigst, damit sie in greifbarer Nähe sind. Das ist ein unglaublich wichtiger Aspekt, weil es hier um das Thema Sicherheit geht: Am Wickeltisch sollte dein Kind nie allein sein!

Welche Utensilien brauchst du nun konkret?

- eine Schüssel für Wasser
- einen Krug oder eine Kanne mit warmem Wasser
- Waschlappen
- Windeln
- bei Bedarf Olivenöl oder Heilwolle
- Eimer oder Wetbag für benutze Windeln
- Behälter oder Wetbag für Schmutzwäsche

Wir raten dir ganz klar, Wasser und Waschlappen statt gekaufter Feuchttücher zu verwenden. Warum? Die Temperatur des Wassers kannst du regeln und deinem Kind eine angenehme, warme Reinigung ermöglichen. Feuchttücher sind kalt! Nebenbei entsteht durch die Verwendung von Feuchttüchern einiges an Müll. Solltest du dennoch Feuchttücher verwenden wollen, achte auf die Inhaltsstoffe und wähle sorgsam. Welche Inhaltsstoffe lässt du an die Haut deines Babys?! Wird dein Kind älter, bewegt es sich mehr und mehr fort, fängt es an sich überall hochzuziehen, mag es auf dem Wickelplatz nicht mehr liegen bleiben, findet es die Liegeposition unangenehm, dann ist es Zeit für eine Veränderung!

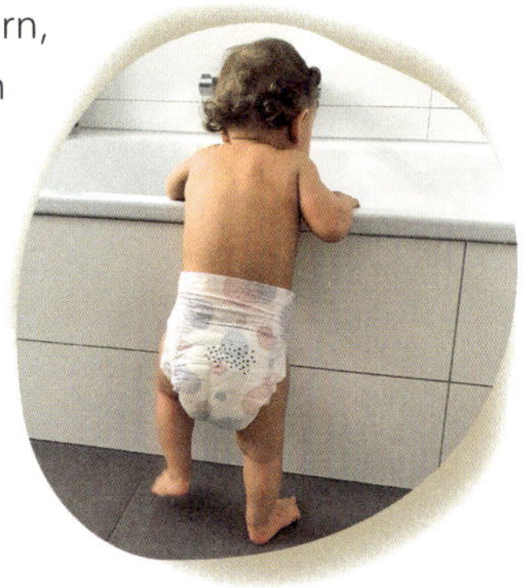

Es ist sinnvoll, das Wickeln auf den Boden zu verlagern, an einen Ort, an dem sich dein Kind beim Wickeln im Stehen gut an etwas festhalten kann. Bei vielen Familien ist das einfach die Badewanne im Bad. Dies bedeutet für dich, zu überlegen, wie du die Utensilien, die du zum Wickeln brauchst, jetzt greifbar anordnen kannst.

Zugleich kannst du darüber nachdenken, wo ein geeigneter Ort für ein Töpfchen wäre, um für den nächsten Entwicklungsschritt gut vorbereitet zu sein!

Wir hören dich bis hierher fragen: »Waaaas, ich soll meinem Kind schon ein Töpfchen hinstellen, obwohl es noch nicht einmal laufen kann?!?« Die Antwortet lautet: Ja, das kannst du tun. Du schaffst für dein Kind eine neue Möglichkeit, sich auszuprobieren, und vielleicht mag es sich, wenn du zur Toilette gehst, auch mal auf sein Töpfchen setzen, oder einfach vor oder nach dem Wickeln. Probiere es aus und beobachte dein Kind! Interessiert es sich so gar nicht dafür, auch okay. Warte ab, das kommt schon.

#LEARNING

Was bei dem Weg von der Windel zur Toilette auf keinen Fall hilft, ist Druck! Das ist unsere langjährige Erfahrung mit Kindern in diesem Alter. Alles hat seine Zeit, jedes Kind ist sehr individuell. Was du immer wieder tun kannst, ist Beobachten, die Umgebung ggf. Anpassen, Ausprobieren und immer wieder Beobachten! Und dich entspannen!

TÖPFCHEN UND TOILETTE

Ist dein Kind im Prozess des »Trockenwerdens« angekommen bzw. ist es bereits trocken, dann mach nochmal einen Umgebungscheck, was für dein Kind und dein Zuhause jetzt passend ist:

- Töpfchen
- Sitzverkleinerer für die Toilette
- Hocker, um zur Toilette zu kommen
- Ist das Toilettenpapier für dein Kind in greifbarer Nähe?
- Habt ihr eines oder mehrere Bäder bzw. ein Gäste-WC? Welche davon benutzt dein Kind?

BADEN UND DUSCHEN

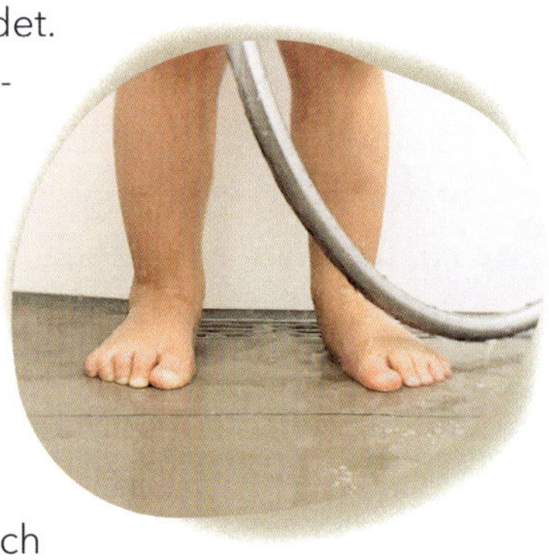

Früher wurden gerade Babys zum Teil täglich gebadet. Heutzutage wird nach der Geburt einige Tage abgewartet. Es gibt spezielle Babybadewannen oder Badeeimer, man kann aber auch einen Wäschekorb oder das Waschbecken benutzen. Wichtig ist, ein Badethermometer zu verwenden, damit das Wasser wirklich die passende Temperatur für dein Baby hat.

Ganz oft findet das erste Baden gemeinsam mit der Hebamme statt, und sie zeigt einem dann auch ganz konkret, wie man das Baby am besten im Wasser hält und wäscht und worauf es zu achten gilt.

#LEARNING

Für uns war es immer wichtig, das Baden gut vorzubereiten. Wir haben alles, was wir für das Baden und danach brauchten, bereitgelegt, damit wir in der Situation selbst entspannt sein konnten und keine Unruhe und Hektik aufkam.

Ist dein Kind schon älter, sitzt es bereits frei und selbstständig, dann kannst du es möglicherweise auch schon in der »großen« Badewanne oder in einer Duschwanne baden.

Wir haben beobachtet bzw. auch im Austausch festgestellt, dass es ein unglaubliches Spektrum ist, ab wann Babys bzw. Kinder es mögen, zu baden oder zu duschen.

#LEARNING

Es gibt eine superlustige Anekdote aus der Zeit, als meine Tochter eineinhalb Jahre alt war. Wir badeten immer sehr gerne zusammen und hatten viel Spaß mit ihren Badetieren. Einmal fielen mir ihre Badetiere so richtig ins Auge. Was hatte ich mir denn dabei gedacht?! Ich musste sooo über mich schmunzeln! Ich, die immer akribisch darauf achtete, dass ihr Kleinkind mit naturgetreuen Tiermodellen spielt und realistische Bücher anschaut, gebe meiner Tochter zum Spielen in der Badewanne Enten mit rosa Prinzessinnenkleidern und Frösche mit Krönchen auf dem Kopf. Herrlich!

Bis auf einen roten, Wasser spuckenden Tintenfisch - der musste bleiben, weil er so schön spritzte - habe ich die Badetiere ausgetauscht. Seither wird bei uns mit naturgetreuen Kunststofftieren gebadet, die auch tatsächlich im Lebensraum Wasser beheimatet sind.

Warum ich dir diese Geschichte erzähle? Nun ja, die Entwicklung in einem Montessori-Zuhause ist eine stetige, ebenso wie deine eigene als Mama oder Papa. Du wirst merken, wie auch du immer mehr auf Details achten wirst und dich reflektierst. Nun, natürlich kannst du die Sache mit den Badetieren übertrieben finden - ist sie vermutlich auch! Aber wir sind nun mal alle verschieden, und ich lege schon immer Wert auf kleinste Details. Bei dir sind es vielleicht andere Sachen, die dir wichtig sind. Das ist ganz individuell.

Übrigens gehören bei uns noch eine transparente Gießkanne, zwei kleine Schiffchen, ein Badewannenpuzzle sowie ein Naturschwamm zu den Badespielsachen. Das reicht meiner heute siebenjährigen Tochter und ihrem dreijährigen Bruder völlig aus für gemeinsames Badevergnügen, bis sich beinahe Schwimmhäute zwischen den Fingern bilden. Aufgeräumt werden die Sachen nach dem Baden bis heute in einem schlichten, weißen Korb mit Saugnäpfen.

HINWEISE ZUR SICHERHEIT

- Lass dein Kind niemals unbeaufsichtigt baden.
- Achte beim Baden bitte darauf, dass der Wasserstand in der Badewanne nicht zu hoch ist.
- Überprüfe die Wassertemperatur, die idealerweise zwischen 37 und 38 Grad Celsius liegt.
- Verwende eine rutschfeste Unterlage, um zu verhindern, dass dein Kind ausrutscht oder unter Wasser gleitet.
- Denke daran, alle elektrischen Geräte (Föhn, Glätteisen etc.) wegzuräumen.

HÄNDE UND GESICHT WASCHEN

»Hände waschen, Hände waschen, muss ein jedes Kind – Hände waschen, Hände waschen, geht doch ganz geschwind« – puh, wenn das nun mal immer so wäre.

Ist dein Kind noch jung, kannst du ihm ganz einfach und unkompliziert Hände und Gesicht mit einem nassen, warmen, weichen Tuch waschen. Somit brauchst du dazu neben den Utensilien, die du sowieso zum Wickeln bereitgestellt hast, nur weitere Waschlappen oder Tücher.

Fängt dein Kind an, selbst zu essen, bietet es sich an, ab diesem Zeitpunkt auch das Hände- und Gesichtwaschen als festes Ritual vor und nach dem Essen zu etablieren. Je nachdem, wie der Stand deines Kindes in seiner Bewegungsentwicklung ist, nimmst du es beim Händewaschen auf den Arm oder Schoß, beziehungsweise kannst du jetzt beginnen, die Umgebung so vorzubereiten, dass dein Kind selbst Hände und Gesicht waschen kann.

Zum Hände- und Gesichtwaschen empfehlen wir dir, für dein Kind Folgendes vorzubereiten:

- einen Hocker, der es deinem Kind ermöglicht, leicht zum Waschbecken bzw. zum Wasserhahn zu gelangen
- eine feste Seife, perfekt proportioniert für die kleinen Hände deines Kindes, oder einen kinderfreundlichen Seifenspender, den es selbstständig bedienen kann
- einen kleinen Waschlappen oder ein kleines Tuch, das dein Kind selbst auswringen und damit sein Gesicht reinigen kann
- einen Spiegel, damit dein Kind sich beim Waschen seines Gesichts auch gut sehen kann und gerade nach dem Essen sieht, wo es etwas mehr Reinigung benötigt
- ein kleines Handtuch auf greifbarer Höhe – ein praktischer Begleiter, damit dein Kind sich selbst abtrocknen kann
- eine kleine Handbürste ist eine gute Ergänzung, wenn dein Kind gern kreativ ist oder die Hände nach dem Draußensein doch etwas schmutziger sind

ZÄHNE PUTZEN

Beim Zähneputzen ist es auch so, dass du das zu Beginn bei deinem Kind im Liegen am Wickeltisch machst, und zwar am besten von Anfang an! Warum? So etablierst du von Anfang an eine regelmäßige Zahnhygiene, gibst deinem Kind die Möglichkeit, zu erfahren, dass Zähneputzen etwas ganz »Normales« ist und morgens und abends dazu gehört. Zudem massierst du regelmäßig das Zahnfleisch deines Kindes, dadurch wird es etwas weicher, und die Zähne haben es auch etwas leichter, hindurchzukommen. Für die erste Zeit gibt es spezielle Bürsten, und die Zähne werden erst mal nur mit Wasser gereinigt.

Ab dem ersten Zahn kannst du deinem Kind eine »richtige« Zahnbürste, Zahnpasta und einen kleinen Becher zum Ausspülen bereitstellen. Achte hier bei der Auswahl immer auf die empfohlenen Altersangaben!

HAARPFLEGE

Für die Haarpflege deines Babys empfehlen wir dir eine weiche Babyhaarbürste. Später kannst du einfache Kinderhaarbüsten verwenden. Haarekämmen mögen manche Kinder mehr, andere weniger, deshalb empfehlen wir dir, auszuprobieren, was dein Kind gerne mag. Je nachdem wie lang die Haare deines Kindes und was seine Vorlieben sind, kannst du hier auch eine Auswahl von Zopfgummis, Haarspangen und anderen Utensilien zum Frisieren bereitstellen.

Für das Hände- und Gesichtwaschen, das Zähneputzen und die Haarpflege kannst du für dein Kind auch einen kleinen eigenen Waschtisch bereitstellen. Auf der nächsten Seite siehst du einige Modelle und Ideen, wie du das in deinem Zuhause umsetzen kannst.

WELEDA

AN- UND AUSZIEHEN

Für das An- und Ausziehen deines Babys bietet sich in den ersten Monaten der Wickelplatz am besten an. Dieser Platz ist deinem Baby bereits bekannt, er hat für dich eine angenehme Höhe, und du kannst dort die Kleidung in greifbarer Nähe vorbereiten. Je nachdem, wie eure Wohnsituation ist, ist es eventuell auch eine Option, dein Baby hier für das Rausgehen anzuziehen.

Ab dem Zeitpunkt, ab dem dein Baby selbstständig und frei sitzen kann, ist es sinnvoll, den Bereich des Umziehens zu verändern. Warum? Dein Baby nimmt jetzt eine andere Körperposition ein und hat dadurch die Möglichkeit, im Sitzen anders zu beobachten, wie du es anziehst. Zudem kann es bereits mehr kooperieren.

Du kannst ab jetzt auch beginnen, dein Kind auswählen zu lassen, was es anziehen möchte. Jedoch bitte nicht aus all dem, was es hat, sondern aus einer Auswahl von zwei Teilen! Das ist wirklich ganz wichtig! Mitentscheiden, ja! Aber immer im Rahmen des Entwicklungsstands deines Kindes.

MERKE

Stelle deinem Kind (in den ersten drei Lebensjahren) nur Dinge zur Auswahl, bei denen es auch für dich okay ist, dass es sie wählt!

Als Platz zum Umziehen eignet sich ein ganz niedriger Hocker oder Stuhl, aber auch ein gemütlicher Teppich auf dem Boden. Es ist auch hier empfehlenswert, *einen* Platz zu etablieren, denn das gibt deinem Kind Klarheit, Sicherheit und Antwort auf seine Sensible Phase für Ordnung. Je nachdem, wie eure Wohnsituation ist, kann es sein, dass dein Kind ab jetzt zwei Plätze zum Umziehen hat – einen in seinem Kinderzimmer, im Schlafzimmer oder im Bad und einen weiteren Bereich in eurer Garderobe.

Bezüglich der Aufbewahrung der Kleidung ist es hilfreich, etwas »weiter« zu denken. Nachdem die Anziehsachen sich »noch« in der Wickelkommode befinden, kannst du einfach vorab eine Auswahl bereitlegen, aus der dein Kind sich etwas aussuchen kann. Alternativ dazu könntest du auch einen eigenen kleinen Kleiderschrank kaufen, bauen oder ein vorhandenes Regal umfunktionieren. Dort hinein legst du immer einige Kleidungsstücke für dein Kind, aus denen es frei wählen kann. Beispielsweise wenn mal etwas nass geworden ist, kann es selbst dorthin und sich etwas nehmen, da es immer selbstständig Zugang zu seiner Kleidung hat. Jedoch musst du bedenken, dass du Platz brauchst, um die restliche Kleidung aufzubewahren, und auch, dass du Routinen erstellst, um immer wieder den Kinderkleiderschrank aufzufüllen.

#LEARNING

Zeitsparen am Morgen - mit einem 18 Monate alten Kind: Auf unserem Fensterbrett stehen morgens unter der Woche immer zwei kleine Körbchen mit jeweils einer kompletten Garnitur Kleidung, die ich am Vorabend herrichte. Ich nehme die Körbchen herunter und stelle sie für mein Kind auf den Rand unserer Badewanne. So sind sie auf seiner Augenhöhe, und es kann sich ein Körbchen aussuchen. Das andere stelle ich nach seiner Auswahl wieder zurück nach oben. Ich achte beim Kauf der Kleidung darauf, dass sie keine unnötigen Herausforderungen wie zu viele Knöpfe oder komplizierte Verschlüsse birgt, die beim selbstständigen Anziehen zu Frustration führen könnten. Die Körbchen helfen uns, nicht zu viel der wertvollen Zeit am Morgen mit der Kleiderauswahl in Anspruch zu nehmen. Am Wochenende oder falls am Nachmittag ein Kleiderwechsel erforderlich ist, wählt mein Kind seine Kleidungsstücke selbst aus seinem Schrank aus.

Wird dein Kind älter, wir würden aus unseren Beobachtungen heraus sagen, ab ca. drei Jahren, ist es auch möglich deinem Kind den »kompletten« Kleiderschrank anzubieten. Ab diesem Alter ist es leichter, zu besprechen, wie das Wetter derzeit ist, welche Aktivität ihr für den Tag plant und aus welchen Bereichen es auswählen kann, z. B. Socken, Leggings, Shirt. Um deinem Kind in so einer großen Auswahl Orientierung zu geben, helfen Zeichen an Boxen, Körbchen oder Regalfächern. Worauf wir hinauswollen, wenn wir dir sagen: »Denk schon mal weiter«, ist: Du kannst dir ruhig im ersten Lebensjahr deines Kindes überlegen, welchen Kleiderschrank es künftig haben soll und wie der Weg dorthin ist. Hier und auf der folgenden Seite ein paar Beispiele:

GARDEROBE

Auf die Garderobe wollen wir hier noch extra eingehen. Garderobensituationen mit Kindern können extrem spannend, aber auch unfassbar anstrengend sein, je nachdem, ob man Zeit hat und entspannt ist oder vielleicht selbst unter Stress und Zeitdruck steht. Deshalb sind gerade für dieses Setting Klarheit und Orientierung unfassbar wichtige Tools. Denn herrscht die Ordnung im Außen, ist das für den Prozess des An- bzw. Ausziehens sehr hilfreich.

Auch für die Garderobe ist es wichtig, dass dein Kind eine Sitzgelegenheit hat – einen kleinen Hocker oder einen Stuhl. Wichtig ist, dass dein Kind mit den Füßen im Sitzen den Boden berührt.

#LEARNING

Aus unserer Erfahrung eignen sich gerade für den Garderobenbereich sogenannte »Würfelhocker« sehr gut (siehe folgendes Bild), da sie durch das Wenden drei Sitzhöhen für dein Kind ermöglichen und somit eine Zeit lang »mitwachsen« können.

Was braucht dein Kind in seiner Garderobe?

- niedrigen Hocker oder Stuhl
- Haken in seiner Höhe für Jacken, Overalls, Hosen, etc.
- eine Ablage/einen Platz für seine Schuhe
- Körbchen/Schubladen für Mützen, Schal, Handschuhe, Sonnenhüte & Co.
- Ein Spiegel ist auch hier für das An- und Ausziehen sehr hilfreich. Es muss natürlich kein eigener Spiegel sein, wenn dein Kind sich auch in eurem Garderobenspiegel gut sehen kann.

Wichtig bei der Garderobe ist, dass du auch hier bedenkst, dass du noch mehr Platz brauchst, nämlich für die Aufbewahrung der Kleidung, die dein Kind gerade nicht zur Auswahl hat. Es bedeutet zwar etwas Zeitaufwand und die Erstellung einer Routine für dich, aber so kannst du dir viele anstrengende Diskussionen ersparen. Hier ein paar Anregungen:

BEREICH FÜR AKTIVITÄT

In diesem Kapitel widmen wir uns einem eigenen Aktivitätsplatz für dein Kind. Die drei vorigen Punkte sind oft so klar und selbstverständlich: Schlafen, Essen, Körperpflege - das muss sein. Aber warum ein Bereich zur Aktivität?

Kinder sind neugierig, wollen die Welt um sich herum entdecken, sich entwickeln und ihr Potenzial ausschöpfen. Denk auch hier noch mal zurück an unser erstes Kapitel mit den Humanen Tendenzen, dem Absorbierenden Geist und den Sensiblen Phasen! Jetzt geht es darum, im Konkreten Antwort zu geben, einen Bereich zu schaffen und Entwicklungsmöglichkeiten bereitzustellen.

In diesem Kapitel gehen wir auf den gesamten Bereich ein. Für die einzelnen Spielmaterialien und Aktivitäten, die du dann direkt anbieten kannst, erfährst du im nächsten Kapitel mehr.

Wie du bei den letzten Bereichen schon sehen konntest, ist es sinnvoll, die Umgebung entsprechend der Entwicklung deines Kindes zu verändern, anzupassen bzw. zu erweitern.

EIN FESTER BEREICH: MATTE UND SPIEGEL

Dein Baby braucht Platz, um sich zu bewegen, und dazu am besten einen möglichst festen, stabilen Untergrund, in dem es nicht einsinken kann. Dafür eignet sich am besten eine Bodenmatte. Das kann eine feste Matratze sein, ein Teppich oder auch eine sogenannte »Krabbelmatte«. Diese eignen sich aus unserer Erfahrung sehr gut, da sie leicht zu reinigen sind und auch über die nächsten Jahre genutzt werden können - später dann als Untergrund zum Bauen, sowohl innen als auch außen.

An der Wand neben der Matte sollte ein großer Spiegel angebracht sein. Dieser dient deinem Kind einerseits dazu, den Raum wahrzunehmen, andererseits bekommt dein Baby so eine visuelle Rückmeldung über seine Bewegung. Dies animiert meist dazu, sich noch weiter zu bewegen. Dein Baby erkennt sich zu diesem Zeitpunkt noch nicht selbst im Spiegel. Bei der Auswahl des Spiegels solltest du auf die Sicherheit achten. Es gibt bruchsichere Spiegel, aber auch die Option einer Klebefolie an der Rückwand. Auf der folgenden Seite einige Beispiele:

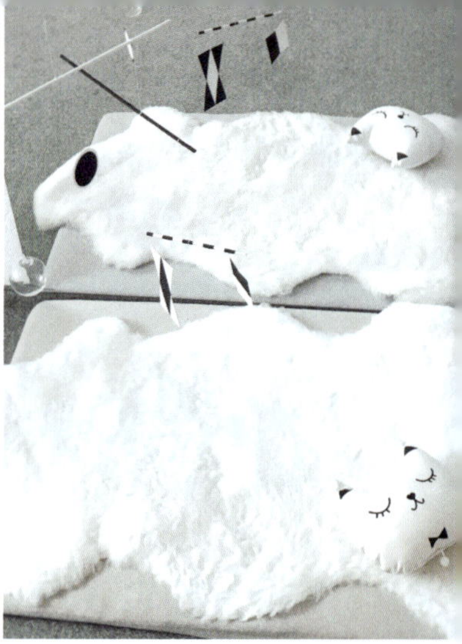

EIN MOBILER BEREICH: KLEINE MATTE UND KÖRBCHEN

Neben dem »festen« Aktivitätsbereich, bestehend aus Spiegel, Matte und einem kleinen Regal, ist es sehr empfehlenswert, noch einen »mobilen« Bereich zu haben. Das kann einfach eine Matte, ca. 80 cm x 80 cm sein, ein großes Nest oder Ähnliches, das ihr von Zimmer zu Zimmer oder auch zu Verwandten, Freunden sowie in den Urlaub mitnehmen könnt.

Sehr weit verbreitet ist es, dafür Krabbeldecken zu verwenden. Davon raten wir eher ab. Warum? Fängt dein Kind an sich fortzubewegen, bewegt sich die Decke oftmals mit und stellt so ein Hindernis für die Bewegungsentwicklung dar.

ÜBUNG

Probiere es gern einfach selbst einmal aus: Lege dir eine große Decke auf den Boden, drehe dich darauf, rolle dich und versuche, zu robben, zu krabbeln! Die Decke ist wirklich störend! Auch, wenn dein Baby in der ersten Zeit fast nur darauf liegt, empfehlen wir eher eine Matte, da du ansonsten nach einiger Zeit schon wieder etwas Neues anschaffen kannst.

Zusätzlich zur Matte ist es aus unserer Erfahrung noch gut, ein kleines Körbchen mit ein bis drei Gegenständen zu haben, das einfach »mitwandern« kann.

Weshalb ein extra Bereich für dein Baby so sinnvoll ist

Uns ist es wichtig, an dieser Stelle anzusprechen, welche Vorteile und Chancen dieser Platz für dein Baby hat. Es hat von Anfang an einen Ort für sich, der ihm das Empfinden von: »Hier kann ich sein, hier kann ich mich bewegen, entdecken, mich ausprobieren, das ist mein Bereich« ermöglicht.

Es kann für sich sein und sich auf sich einlassen, d. h., es bekommt von Beginn an die Möglichkeit, sich mit sich selbst zu beschäftigen, sich zu fokussieren. Auf das konkrete Fokussieren und die Materialien dazu gehen wir im Kapitel, die Aktivitäten unter die Lupe nimmt, dann ganz genau ein.

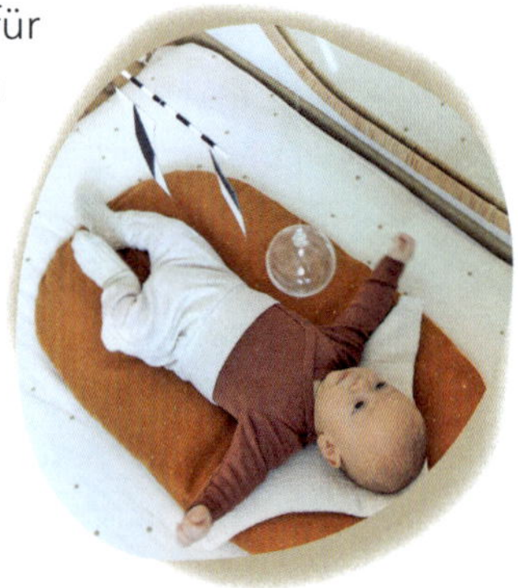

Du hast als Mama oder Papa auch Zeit und Raum für dich, weil dein Baby von Anfang an auch Zeiten für sich hat. Ob du dann die Zeit zum Beobachten nutzt, Wäsche zusammenlegst, kochst, liest oder einfach nur für dich bist, bleibt natürlich dir überlassen - sorge gut für dich und spüre hin, was du gerade in diesem Moment brauchst.

Wo der feste Aktivitätsplatz in eurer Wohnung/eurem Haus am besten platziert ist, hängt von unterschiedlichen Faktoren ab:

- Wohnt ihr auf einer oder zwei Ebenen?
- Wo spielt sich der Alltag hauptsächlich ab?
- Gibt es Geschwister, und es ist wichtig für das jüngere Kind, einen Rückzugsort zu schaffen?
- Wollt ihr als Eltern einen festen Bereich in eurem Wohnraum für das Baby etablieren, oder lieber einen mobilen? Dann ist der Ort für Aktivität vorwiegend im Kinderzimmer angesiedelt.

#LEARNING

Nachdem unsere Familie von drei auf vier Mitglieder angewachsen war, war der eigene Bereich unseres Babys Gold wert. Dieser ermöglichte ihm etwas Privatsphäre gegenüber seiner älteren Schwester. Lag der jüngere Bruder in seinem Bereich, war klar, dass er nicht gestört wird. Ich habe meiner Tochter erklärt, dass ihr Bruder auch Zeit für sich braucht, um gerade unter dem Mobile ungestört das Fokussieren üben zu können.

Manchmal legte sie sich zu ihm unter das Mobile, war dann aber ganz still und äußerst bedacht darauf, sich nicht zu bewegen, um ihn ja nicht abzulenken. Sie wusste bereits, dass es auch für sie manchmal wichtig ist, Momente für sich zu haben, in denen sie nicht gestört werden möchte. So war es auch für meine Tochter wiederum eine große Lernchance, Respekt und Rücksichtnahme weiter auszubauen.

Solltest du auch einen Hund haben, wie wir - damals hatten wir sogar noch zwei -, kannst du ihm auch beibringen, dass das Babys Bereich ist und nicht seiner. Somit ist auch für das Haustier klar, dass es sich hierbei nicht um seinen neuen Kuschelplatz handelt. Obwohl es ehrlich gesagt bei uns auch vorkam, dass sich unsere Chihuahuas an das Baby kuschelten. Was soll ich sagen?! Too cute! Aber ein Chihuahua ist eben auch keine Dogge.

ÜBUNG

Nimm dir jetzt mal einen Augenblick Zeit und überlege, wo der feste Aktivitätsplatz in eurem Zuhause am sinnvollsten wäre. Gehe dabei eure Zimmer physisch oder in Gedanken durch.

REGAL ODER REGALE

Neben der Matte und dem Spiegel an der Wand kann ein kleines, niedriges Regal stehen, auf dem in etwa zwei bis drei Gegenstände Platz haben. Dein Baby kann die Gegenstände natürlich jetzt noch nicht herausnehmen, aber du kannst das tun, und sie danach auch dort wieder zurücklegen. Denk daran, der absorbierende Geist wirkt, und dein Kind nimmt es als selbstverständlich wahr, dass die Dinge einen festen Platz haben.

Es kann aber auch sein, dass es für dich stimmiger ist, wenn der Aktivitätsplatz deines Babys in eurem Wohnraum liegt, und du dort gar nicht genug Platz für ein weiteres Regal hast. Das ist voll okay! Vielleicht hast du die Möglichkeit, in einem vorhandenen Regal ein oder zwei Fächer freizumachen.

Oft gibt es unter Couchtischen auch Ablageflächen, und für dein Kind ist von Anfang an klar: Das sind meine Fächer, und hier sind meine Sachen.

Ist auch das schwer umsetzbar, würden wir dir empfehlen, einfach ein oder zwei Körbchen mit Spielmaterialien für dein Kind bereitzustellen und diese an einem festen Ort zu platzieren.

Wird dein Kind älter, kannst du natürlich auch ein größeres Regal verwenden. Das Regal ist eine Konstante in der Umgebung deines Kindes. Die Spielmaterialien wechselst du, je nach Entwicklungsalter, immer wieder aus.

MERKE

Wichtig ist, dass die Spielmaterialien für dein Kind offen und frei zugänglich sind!

Ich hab dich lieb, Papa

1
2
3
4

TISCH UND STUHL

Hast du bereits ein laufendes Kind, dann bieten sich auch ein kleiner Tisch und ein Stuhl als Aktivitätsplatz für dein Kind an. Es besteht die Option, Tätigkeiten wie Malen, Puzzeln, Fädeln, Kleben etc. auch am Tisch auszuführen. Es bietet deinem Kind die Möglichkeit, in einer anderen Position als auf dem Boden zu sitzen.

Optimal ist es, wenn die Sitzhöhe des Stuhls für dein Kind so gewählt ist, dass beide Füße den Boden berühren. Jetzt denkst du dir vielleicht: »Na toll! Und wie soll ich das machen? Mein Kind wächst so schnell! Da brauchen wir ja alle halbe Jahre einen neuen Stuhl!« Jein! Es gibt superpraktische Wendemöbel! Diese haben wir bereits beim Garderobenbereich angesprochen. Sie wachsen mit, indem du sie einfach drehst. Alternativ gibt es auch höhenverstellbare bzw. erweiterbare Hocker, Stühle und Tische. Wir haben diese Möbel in unserem Umfeld gern auch geliehen und verliehen. Unterhalte dich mal mit anderen Eltern. Oft ist es gut, sein Netzwerk auch für solche Situationen zu nutzen.

Hast du keinen Platz für einen Kindertisch und -stuhl in deinem Zuhause, könntest du den Hochstuhl am Esstisch dafür mitnutzen, um deinem Kind die Möglichkeit zu bieten, auch am Tisch aktiv zu sein.

BEREICH AM BODEN

Auch ältere Kinder spielen gerne am Boden, egal, ob sie bauen, puzzeln oder musizieren. Es ist sinnvoll, über das Babyalter hinaus einen Spielbereich am Boden zu haben. Dafür kannst du natürlich auch die Matte und das Areal verwenden, die dein Kind sowieso schon als Baby genutzt hat, und/oder noch weitere Bereiche hinzunehmen. Hat dein Kind einen festen Platz, so gibt ihm das auch Orientierung, und es weiß, dass hier sein Platz zum Bauen ist, darüber hinaus aber eben nicht mehr.

Schau auch da für dich, was im Wohnraum als Spielbereich möglich ist. Wo ist es dir wichtig, dass keine Spielsachen sind? Wir empfehlen dir sehr, da für dich individuell und ganz persönlich hinzuschauen. Denn wenn du klar bist und das kommunizierst, dann hilft das auch den anderen Familienmitgliedern. Es sollen sich ja schließlich *alle* zuhause wohlfühlen.

BEREICH ZUM LESEN UND BÜCHER BETRACHTEN

Bücher sind etwas absolut Wundervolles und eine geniale Bereicherung für die Sprachentwicklung deines Kindes. Und deshalb wollen wir dem Medium Buch auch einen eigenen Bereich widmen. Wie der aussehen kann, das ist sehr vielfältig. Es sind zwei Aspekte zu bedenken. Ihr braucht:

- einen Platz für die Aufbewahrung der Bücher
- einen Platz zum Anschauen und (Vor-)lesen der Bücher

Was uns vorab noch wichtig ist, anzumerken: Es braucht nicht viele Bücher (die alle frei zur Verfügung stehen). Für ein junges Kind reicht möglicherweise eine Auswahl von zwei bis drei Büchern, bei etwas älteren Kindern sind es dann sechs bis sieben, und nach und nach können es auch noch mehr werden. Das hängt immer vom Interesse und Entwicklungsstand deines Kindes ab.

Vielleicht kennst du die sogenannten Bildleisten? Sie sehen auch zur Aufbewahrung von Büchern sehr ansprechend aus und sind im Alltag sehr praktisch. Warum? Stehen die Bücher in einer Buchleiste, kann dein Kind die Cover sehen und entscheiden, was es gerade als ansprechend empfindet. Es kann das Buch mit beiden Händen gut greifen, aus der Leiste nehmen und auch gut wieder zurückstellen. So ist es möglich, von Anfang an einen achtsamen Umgang mit Büchern zu etablieren. Alternativ kann auch ein Korb oder eine Box genutzt werden, worin die Bücher stehend aufbewahrt werden und dann ebenso mit beiden Händen herausgenommen werden können.

Ein klassisches Bücherregal bietet sich dann für ältere Kinder gut an, die bereits im Umgang mit Büchern vertraut sind, die anhand des Buchrückens erkennen, um welchen Titel es sich handelt, und auch motorisch so geschickt sind, dass sie eines herausnehmen und zurückstellen können.

Nun zum Platz: Welcher Ort ist gut dafür geeignet, Bücher anzuschauen? Das kann einfach und unkompliziert euer Sofa sein, ein etwas größeres Kissen am Boden, oder aber auch ein kleiner gemütlicher Sessel. Nachfolgend ein paar Inspirationen für dich!

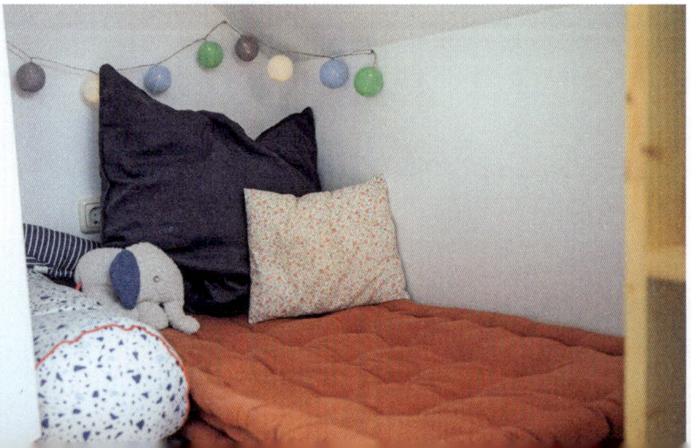

lumpi

GESUND
UND
STARK
WUNDERGARTEN
UND HEUTE?
Was passiert im Krankenhaus?
Sachen suchen
Tiere im Wald
VOGELBUCH
So wütend, so froh – meine Gefühle
Tiere der Welt

Hier wird gebaut!
Ich bin die kleine Ente
Frühlings-Wimmelbuch
Komm kuscheln, kleiner Hase!

BEREICH IN DER KÜCHE

Kann dein Kind laufen, sind seine Hände frei, und es mag möglicherweise genau das tun, was du auch machst, und sich am »echten« Leben beteiligen.

Zu konkreten Aktivitäten, die du dann anbieten kannst, erfährst du weiter unten noch mehr. Hier möchten wir dich einladen, zu schauen, welche Möglichkeiten es gibt, um deinem Kind auch in der Küche einen eigenen Bereich zu schaffen.

Wir finden es sehr wichtig, dass du im Vorfeld bereits für dich einige Überlegungen anstellst:

- Möchtest du, dass dein Kind in der Küche mit aktiv ist?
- Geht es für dich vor allem um Aktivitäten wie Tischdecken und -abräumen, Trinken-selbst-einschenken-Können, Müslizubereiten?
- Möchtest du, dass dein Kind die Möglichkeit hat, Obst oder Gemüse zu schneiden sowie beim Kochen und/oder Backen mitzuwirken?

Hast du für dich die erste Frage mit Nein beantwortet, dann kannst du dieses Kapitel überspringen, wenn du magst. Und weißt du was? Das ist völlig okay! Es bringt weder deinem Kind noch dir etwas, wenn dich der Gedanke stresst, mit deinem Kind in der Küche aktiv zu sein. Dann wärst du jedes Mal superunruhig, dann gereizt und schlussendlich genervt, was wiederum weder dir noch deinem Kind dienlich ist. Das Wichtigste ist doch immer, sich selbst treu zu bleiben. Also Stress raus und einfach Dinge mit deinem Kind tun, die euch beiden Freude bereiten.

Hast du mit ja geantwortet, dann lies unbedingt hier weiter, welche beiden Aspekte besonders wichtig sind. Ihr benötigt:

- einen Platz für die Aufbewahrung der Küchenutensilien deines Kindes
- einen Arbeitsplatz (bestenfalls im Stehen) für dein Kind in der Küche

Wie oben bereits angesprochen, ist es wichtig, dass du dir überlegst, *was* dein Kind in der Küche mitmachen kann. Dann schaust du dir an, was es dafür benötigt. Wichtig ist, diese Utensilien so unterzubringen, dass sie für dein Kind erreichbar und frei zugänglich sind. Das kann eine Schublade in der Küche sein,

ein Regalfach, ein kleines Extraregal, das kann auch eine eigene kleine Kinderküche sein. Schau hier einfach, was sich für dich gut und stimmig anfühlt und in euer Zuhause passt!

Möchtest du es deinem Kind ermöglichen, Obst und Gemüse zu schneiden und beim Kochen und Backen mitzuhelfen, ist es hilfreich, einen Arbeitsplatz dafür bereitzustellen. Dies kann ein Learning-Tower sein, die Arbeitsfläche einer Kinderküche oder ein Regal.

Wir empfehlen dir hier, die Größe deines Kindes und die Arbeitshöhe gut im Blick zu haben, sodass es angenehm und passend für dein Kind ist. Bei manchem Learning-Tower gibt es die Möglichkeit, ihn in der Höhe zu verstellen und somit immer wieder an die Größe deines Kindes anzupassen. Auch bei Kinderküchen gibt es manchmal die Option, sie erst »ohne Füße« zu verwenden und dann aufsteckbare »Füße« in zwei Höhen zu nutzen. So schaffst du ein mitwachsendes Möbelstück, das dein Kind über einen längeren Zeitraum nutzen kann.

BEREICH FÜR KREATIVITÄT

Wenn du dir jetzt grad denkst: »Whaaat?!? Jetzt *noch* ein Bereich? Und dann noch für Kreativität!« In dir tauchen gerade die Bilder von bemalten Wänden oder Möbelstücken auf? Bleib entspannt, atme durch und lies bitte weiter! Es soll leicht sein, und das ist absolut möglich! Wir zeigen dir, wie!

Generell ist es für die Entwicklung deines Kindes ein großes Geschenk, wenn es die Möglichkeit hat kreativ zu sein und sich künstlerisch auszudrücken, finden wir. Was nicht heißt, dass dein Kind das tut oder tun möchte. Kinder sind unterschiedlich, und so auch ihre Interessen. Haben sie jedoch gar nicht die Möglichkeit dazu, könnte ein Zugang zur Erfahrung des Selbstausdrucks versperrt bleiben.

Zu den konkreten Aktivitäten findest du auch im dritten Kapitel ganz konkrete Tipps und Anregungen. An dieser Stelle geht es jetzt erst einmal um den Bereich der Kreativität an sich. Es sind zwei Aspekte wichtig. Du brauchst:

- einen Platz für die Aufbewahrung der Materialien deines Kindes
- einen Arbeitsplatz

Generell ist zum Malen und Zeichnen sowohl ein Sitz- als auch ein Stehplatz eine Option. Für Ersteren braucht es natürlich einen Tisch und einen Stuhl. Du kannst schauen, ob du dafür noch mal einen eigenen Tisch anschaffen willst, oder aber einen vorhandenen Tisch, den dein Kind sonst für andere Aktivitäten nutzt, einsetzt. Grundsätzlich ist es natürlich auch möglich, den Hochstuhl und den Esstisch zu verwenden.

Damit für dein Kind ein klarer Unterschied erkennbar ist zwischen anderen Aktivitäten und denen für Kunst, ist eine zuvor festgelegte Kunstunterlage empfehlenswert! Das gibt deinem Kind Orientierung und Ordnung und schützt zudem auch den Tisch – egal welchen! Möchtest du deinem Kind zudem noch das Malen im Stehen ermöglichen, dann bietet sich beispielsweise eine Staffelei an. Manche Modelle sind klappbar und gut zu verstauen. Alternativ kannst du aber auch an einer Wand oder Tür eine Schutzfolie/Abgrenzung anbringen und daran dann ein Blatt Papier befestigen. Solltest du diese Variante wählen, sollte sich der Hintergrund von eurer Wand ganz klar abheben und klar sein, dass nur auf dem Papier gemalt werden darf. Außer, du möchtest Kinderkunst an deiner Wand, es ist ja dein Zuhause und deine Entscheidung.

Die Art der Aufbewahrung hängt davon ab, wie viele Aktivitäten und Materialien du deinem Kind in diesem Bereich zur Verfügung stellen möchtest. Das ist sehr variabel und hängt, wie wir finden, sehr stark vom Interesse des Kindes ab. Von einem Fach in einem Regal mit ein bis drei Aktivitäten über ein eigenes Regal bis hin zu einem Wagen mit verschiedenen Utensilien ist für diesen Bereich vieles möglich.

MONTESSORI ZUHAUSE – SPIELMATERIALIEN UND AKTIVITÄTEN

DIE ENTWICKLUNG GEZIELT FÖRDERN

In diesem Kapitel bekommst du einen Überblick darüber, welche konkreten Aktivitäten und Spielmaterialien du deinem Kind von Anfang an in eurem Zuhause anbieten kannst, um seine Entwicklung bestmöglich zu unterstützen.

Wir haben in der Überschrift bewusst die Begriffe »Spielmaterial« und »Aktivitäten« gewählt, weil das für uns eine passende Bezeichnung für die häusliche Umgebung ist. Maria Montessori spricht klar von Materialien bzw. Entwicklungsmaterialien, die aufeinander aufbauen und zum Erlernen einer bestimmten Fähigkeit dienen.

Was du jetzt in diesem Kapitel an Aktivitäten kennenlernst, sind Antworten auf die Humanen Tendenzen, den Absorbierenden Geist und die Sensiblen Phasen deines Kindes. Mit diesen drei großen Kräften haben wir uns bereits im ersten Kapitel beschäftigt.

Bevor wir jetzt mit den konkreten Materialien starten, möchten wir hier noch ein paar Basics mit dir teilen: Dein Baby wird mit ca. 100 Milliarden Nervenzellen geboren, die darauf warten in Aktion zu treten. Das ist ein ziemlich großer Schatz, der genutzt werden will. Bekommt dein Baby Möglichkeiten, Erfahrungen zu machen und seine »Straßen« im Gehirn zu nutzen, wiederholt es Tätigkeiten immer wieder. So werden manche Straßen möglicherweise zu »Autobahnen« ausgebaut, da dort so viel los ist, sie aktiv genutzt werden und Platz brauchen. Werden Straßen nicht genutzt, dann werden sie wohl eher zu einem »Feldweg«.

Unser Ziel ist es, »dem Leben zu helfen«, wie Maria Montessori sagt, und Kindern von Beginn ihres Lebens Chancen und Möglichkeiten zu bieten. Damit diese Kinder ihr persönliches Potenzial entfalten und ihr eigenes, wahrhaftiges *Ich* leben und mit der Welt teilen können.

MERKE

Das heißt, im Mittelpunkt von all dem steht immer dein Kind!

Du kannst den Raum vorbereiten, Material bereitstellen, und zudem musst du immer schauen, was dein Kind im Hier und Jetzt braucht! Und das ist uns noch einmal ganz wichtig, hier zu erwähnen: Es geht nicht darum, deinem Kind bestimmte Materialien nach einem festen (Zeit-)Plan oder wie in einem Programm anzubieten. Es geht darum, dass du das Wissen erwirbst, welche Spielmaterialien es gibt und was wann ungefähr für dein Kind passt - und dann zu beobachten!

MERKE
Die Beobachtung ist eine absolute Grundlage in der Montessori-Philosophie!

Sieh dieses Kapitel bitte als eine Art »Buffet«! Schau es dir einmal komplett an und entscheide dann - nachdem du dein Kind beobachtet hast -, welche »Häppchen« du auf deinen Teller nimmst und mal probierst! Legst du das Buch zur Seite und steuerst ein noch größeres Buffett an, wie beispielsweise einen Spielwarenladen, oder hüpfst im Internet von der einen großartigen Seite zur nächsten und weißt bei der Flut an Sachen gar nicht mehr, was jetzt tatsächlich für dein Kind passt? Dann haben wir hier für dich fünf Kriterien, die ein Anhaltspunkt bei der Auswahl von Spielmaterialien für dein Kind sein können:

1. Isolation der Eigenschaft: Schau genau hin! Worum geht es bei diesem Spielmaterial, bei diesem Spielzeug? Was soll dein Kind damit erfahren bzw. lernen? Was steht im Mittelpunkt der Erfahrung? Es gibt mittlerweile viele Spielsachen, die alles gleichzeitig können - rasseln, knistern, Geräusche von sich geben, usw. Aber worum geht es? Wähle lieber Dinge aus, die sich isoliert auf eine Sache fokussieren!

2. Reduktion - weniger ist mehr! Damit meinen wir, insgesamt die Auswahl der Materialien zu reduzieren. Es braucht nicht viel. Und wenn du zurückdenkst an den Absorbierenden Geist, der alles ungefiltert aufnimmt, ist das Filtern und Reduzieren von unfassbar großem Wert für die kindliche Entwicklung. Das minimiert Ablenkung und stärkt den Fokus. Wähle wenig, und lieber mit Bedacht!

3. Herausforderung und Unterstützung: Achte bei der Materialauswahl darauf, dass das, was du deinem Kind anbietest, eine Herausforderung ist, an der es wachsen und lernen kann. Wenn du merkst, dass ein Material keine Herausforderung mehr ist, dann lass es zunächst noch da, aber gib etwas Neues dazu, was wieder eine Aufgabe für dein Kind ist.

4. Entscheide dich für Vielfalt: Achte bei der Auswahl für das Buffet drauf, dass du Gegenstände aus unterschiedlichen Materialien wählst: Holz, Kunststoff, Stoff ... damit dein Kind bereits im Entdecken automatisch unterschiedliche Basiserfahrungen in Bezug auf die Haptik macht und es nicht zu einseitig ist. Wähle zudem aus jedem Bereich mindestens eine Sache. Auch so stellst du eine Vielfalt in der Auswahl sicher.

5. Bevorzuge die echte, reale Welt! Für Kinder in den ersten Lebensjahren geht es darum, ihre Umgebung zu erfahren, die Welt um sich herum kennenzulernen und zu erleben. Wähle deshalb vorzugsweise Dinge aus, die realistisch aussehen oder auch in der Umgebung deines Kindes vorkommen.

#LEARNING

Gerade hast du gelesen, dass es für Kinder in den ersten Lebensjahren wichtig ist, die reale Welt kennenzulernen. Als Carina mich vor ein paar Jahren in unserem damaligen Zuhause in Nürnberg besuchte, war sie völlig irritiert von den Bildern, die über dem Regal meiner Tochter hingen. Sie fragte mich: »Seit wann sind Löwen und Elefanten bei uns beheimatet?« Ich musste so lachen, weil ich wusste, worauf sie hinauswollte.

Nun, das sind diese Tiere natürlich nicht, und somit prinzipiell zunächst nicht Teil der heimischen Umgebung. Allerdings waren Löwen, Elefanten und viele andere nicht-heimische Tiere dennoch Teil unserer Umgebung. Wir besuchten eine Zeit lang fast wöchentlich den Nürnberger Tiergarten und liebten es, dort Freunde zu treffen, spazieren zu gehen und »besondere« Tiere zu sehen.

Warum wir dir diese Geschichte erzählen? Weil auch die reale Welt äußerst individuell, vielfältig und speziell sein kann, sogar wenn man prinzipiell beinahe in der gleichen Ecke beheimatet ist.

VISUELL, AUDITIV, TAKTIL GREIFBARE ERFAHRUNGEN

Die ersten Spielmaterialien für dein Baby bieten ihm visuell, auditiv, taktil greifbare Erfahrungen. Generell werden alle Materialien nur einem wachen und auch sattem Kind angeboten. Das heißt, es ist wichtig, dein Kind gut zu beobachten und zu schauen, wann ein guter Zeitpunkt für Aktivität ist.

MOBILES

Was ist der Ausgangspunkt zum Zeitpunkt der Geburt? Was ist das Vermögen zu Beginn? Dein Baby liegt in der Rückenlage, hat Interesse an Gesichtern und kann Augen und Kopf bewegen. Da setzt dann das erste Material, die Mobiles, an. Maria Montessori hat bei der Entwicklung der Mobiles mit Künstlern und Spezialisten zusammengearbeitet, um die Mobiles optimal auf die Bedürfnisse der kindlichen Entwicklung abzustimmen. Die Montessori-Mobiles sind alle sehr leicht, damit sie sich im Luftstrom bewegen, die Farben und Formen sind bewusst gewählt.

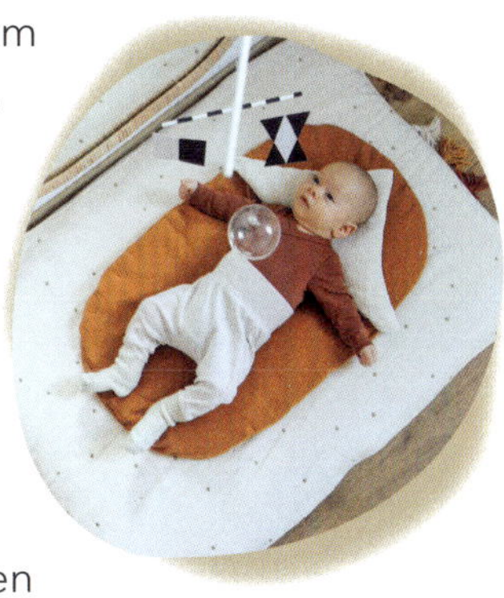

Das vorrangige Ziel beim Einsatz der Mobiles ist es, dass dein Baby mit seinen Augen fokussiert. Sobald dein Kind greifen möchte, gibt es ein neues Material.

Zunächst geht es darum, Umrisse und Kontraste zu erkennen. Denn das räumliche Sehen bzw. Tiefensehen entwickelt sich zwischen dem dritten und fünften Monat, und mit ca. fünf bis sechs Monaten ist der Sehsinn so weit entwickelt, dass man von Sehen sprechen kann. Dies sind verschiedene Montessori-Mobiles:

- Munari-Mobile
- Gobbi-Mobile
- Oktaeder-Mobile
- Tänzer-Mobile

Die Mobiles von links nach rechts findest du auf der nächsten Seite:

Möchtest du für dein Kind selbst ein Mobile herstellen, kannst du gerne unsere Vorlagen verwenden. Diese findest du in unserem Für-dich-Bereich auf unserer Website. Es gibt auch die Möglichkeit, herkömmliche Mobiles zu kaufen. Wir geben dir für die Auswahl noch ein paar hilfreiche Kriterien mit an die Hand, auf die du achten solltest:

- **Wie sieht das Mobile von unten aus?** Ein wichtiger Punkt ist, sich das Mobile selbst einmal von unten anzusehen. Viele Mobiles wirken toll von der Seite, aber von unten sieht man nicht wirklich etwas. Dein Baby blickt aber ja aus dieser Perspektive hinauf!
- **In welcher Geschwindigkeit bewegt sich das Mobile?** Es sollte sich langsam im Luftstrom bewegen, dazu muss es leicht sein. Mobiles mit elektri-

schem Antrieb sind oft zu schnell, machen zudem noch Geräusche - viel zu viele Eindrücke für ein Baby - davon würden wir dir klar abraten!

- **Aus wie vielen Teilen besteht das Mobile?** Auch hier ist weniger wieder mehr, sodass dein Baby die Möglichkeit hat, zu fokussieren. Und natürlich ist es schön, wenn es ästhetisch und ansprechend aussieht.
- **Aus welchen Figuren besteht das Mobile?** Wähle Figuren oder Gegenstände, die auch in der Realität fliegen oder schwimmen, wie Vögel, Schmetterlinge, Fische, Ballons oder Ähnliches. Alternativ kannst du auch geometrische Formen wählen.

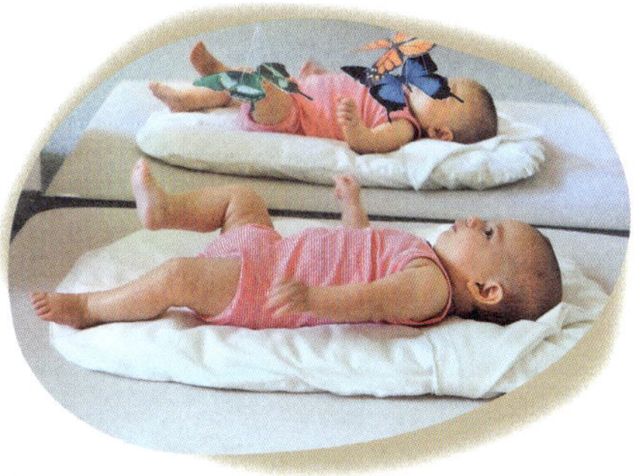

BILDER UND KUNST

Neben den Mobiles gehören zu den visuellen Erfahrungen auch Bilder und Kunst. Stelle oder hänge gerne von Anfang an Bilder in die Umgebung deines Kindes. Denk daran, der Absorbierende Geist wirkt, und dein Baby nimmt so Vieles unbewusst auf, auch die ästhetische Gestaltung.

Achte bei der Auswahl der Bilder darauf, dass die Motive als Ganzes gut erkennbar und möglichst realistisch dargestellt sind, und nicht nur Teile davon. Es können auch zum Beispiel Fotos von Familienmitgliedern sein, oder aber Bilder und Gemälde. Manchmal gestaltet sich das Befestigen von Wandbildern schwierig, dazu gibt es eine - wie wir finden, wunderbare -, Alternative: sogenannte Leporellobücher! Diese kannst du einfach neben deinem Baby aufstellen und auch im »mobilen« Bereich nutzen, da sie einfach und transportabel sind und gleichzeitig einen unglaublichen Mehrwert bieten. So ist zumindest unsere eigene Erfahrung damit.

BLUMEN UND PFLANZEN

Auch Blumen und Pflanzen in der Umgebung können visuelle Erfahrungen für dein Baby sein. Wichtig ist es, darauf zu achten, dass die Pflanzen ungiftig sind und nicht zu stark riechen.

Wenn dein Baby anfängt zu greifen, bitte darauf achten, dass sich die Pflanzen nicht in der Reichweite deines Babys befinden.

RASSELN UND GREIFLINGE

Beobachtest du, dass dein Baby immer mehr Interesse daran hat, zu greifen, zum Beispiel nach dem Mobile fassen möchte oder auch ein Tuch nimmt und es zu sich zieht, dann ist es an der Zeit für neue Materialien! Dein Baby braucht etwas zum Greifen!

Hierzu kannst du einen Holzring, ein Glöckchen oder auch den Takane-Ball (ein gut greifbarer Ball, der aus mehreren Teilen besteht) so aufhängen, dass dein Kind im Liegen danach greifen kann. Der Vorteil von »aufgehängten« Greiflingen ist es, dass sie wieder zurückkommen und dein Kind wieder und wieder danach fassen kann, ohne dazu auf Hilfe von dir angewiesen zu sein. Durch die ständige Wiederholung übt es das Greifen, wird sicherer. Dann kannst du auch Greiflinge ohne Befestigung einsetzen.

Im Entwicklungskonzept von Maria Montessori werden die Zylinder-Rasseln, Bambusrasseln, Silberrasseln oder auch getrocknete Flaschenkürbisse empfohlen. Man kann einige dieser Rasseln gar nicht kaufen, sie aber teilweise selbst herstellen. Dabei muss aber unbedingt der Sicherheitsaspekt beachtet werden! Deshalb sind wir auf die Suche gegangen nach Alternativen, die du im Zusatzmaterial findest. Suchst du selbst eine Rassel aus, würden wir dir raten, auf folgende Kriterien zu achten:

- **Größe:** Passt die Rassel zu den Proportionen der Hand deines Babys? Eine Länge von 7–10 cm ist hier ein guter Richtwert!
- **Klang:** Wie klingt die Rassel? Angenehm, schrill, zu laut? Probiere das unbedingt aus!

- **Haptik:** Wie fühlt sich die Rassel an? Angenehm? Glatt? Kalt?
- **Material:** Woraus ist sie hergestellt? Wurde ungiftiges Material bzw. ungiftige Farbe verwendet?

Die ineinandergreifenden Scheiben sind wohl ein Klassiker unter den Montessori-Babyspielzeugen. Es geht hierbei vor allem um die Möglichkeit, zu greifen, und einen Transfer von der einen Hand in die andere Hand zu ermöglichen. Zudem können sie auch zum Wegrollen und Verfolgen genutzt werden.

Wir haben bei unseren Kindern bei einigen weiteren tollen Greiflingen diesen Hand-zu-Hand-Transfer beobachten können, und da diese sehr beliebt waren, nehmen wir sie auch für euch mit ins Zusatzmaterial auf.

Weitere Spielsachen, die sich gerade in Phasen des Zahnens sehr gut eignen, sind beispielsweise eine Veilchenwurzel, eine Silberrassel, die wir oben schon genannt haben, aber auch ganz kleine Stoffstäbchen oder Kissen, mit Kirschkernen gefüllt – diese können in den Kühlschrank gelegt werden und haben dann eine angenehme, beruhigende Wirkung. Ebenso sind Olivenholzringe genial, oder aber auch kleine Seidentücher, mit Heilwolle gefüllt – darauf kann dein Baby hervorragend kauen.

BEWEGUNG

Die Entwicklung der Bewegung ist ein Bereich, den wir persönlich sehr faszinierend und spannend finden. Die vielen kleinen Schritte und besonderen Momente, die von der Position des Liegens bis hin zum freien Gehen passieren, sind beeindruckend.

Zu Beginn braucht dein Baby vor allem einen festen Untergrund, Platz und genug Zeit in diesem Setting, um sich und seinen Körper kennenzulernen, seine Hände zu erfahren, seine Füße zu entdecken, seinen eigenen Körper in Bewegung zu bringen. Der Spiegel ist eine Option für dein Kind, zu sehen, wie sich jemand neben ihm bewegt (da es sich selbst noch nicht erkennt), was es möglicherweise zu noch mehr Bewegung animiert.

Es ist uns ein besonders Anliegen, dich an dieser Stelle einzuladen - einzuladen, Vertrauen zu haben in dein Kind, Vertrauen zu haben in die Bewegungsentwicklung deines Kindes! Gib deinem Kind Raum und Zeit die einzelnen Schritte selbst zu tun!

Wir leben in einer Gesellschaft von »immer höher, schneller, weiter«, und gerade, was die Bewegungsentwicklung angeht, haben wir selbst oft genug erlebt, wie oft von anderen Menschen Fragen kommen. In vielen Köpfen hat sich die Vorstellung manifestiert, dass ein Kind mit einem Jahr zu laufen hat. *Nein!*

MERKE
Jedes Kind ist anders und jedes Kind absolviert diese Schritte in seinem Tempo!

#LEARNING

Es ist nicht immer einfach, als Mama oder Papa sein Kind nicht mit anderen zu vergleichen und ruhig sowie im Vertrauen zu bleiben, dass auch das eigene Kind irgendwann robben, krabbeln, laufen etc. wird. Wir wissen, dass es einem einiges abverlangen und auch mit einem Stück Arbeit an sich selbst verbunden sein kann, sich nicht von den Äußerungen und Erwartungen im Außen an das eigene Kind verunsichern zu lassen. Besonders tricky und herausfordernd ist es oft, die »gut gemeinten Ratschläge« des eigenen familiären Umfelds an sich vorüberziehen zu lassen. Sei dir immer bewusst, dass du – und nur du – weißt, was du für dein Kind möchtest. Bleib im Vertrauen mit dir selbst und deinem Kind gegenüber! Auch, wenn es dir nicht (immer) leichtfällt.

Die Bewegungsentwicklung ist also für dich als Mama oder Papa eine wunderbare Challenge, um dein Kind zu sehen, ohne es mit anderen zu vergleichen oder es in eine Richtung »ziehen«/»bewegen« zu wollen, die für dein Kind im Moment noch gar nicht ansteht. Das ist ein Aspekt der inneren Haltung, die die Montessori-Philosophie ausmacht. Das große Geschenk, das du deinem Kind damit machst, ist unter anderem, dass es beispielsweise spürt: »Ich bin genau so richtig, wie ich bin«, oder: »Ich darf mich frei und in meinem Tempo entwickeln«, und eben nicht: »Eigentlich sollte ich das schon können«.

Fängt dein Kind an, mobil zu werden, kannst du sanfte Möglichkeiten anbieten, die es zur Bewegung animieren, wie beispielsweise Bälle, die sich langsam fortbewegen, oder auch eine Rasselrolle. Wichtig ist, dass dein Kind sich immer selbst bewegt und nicht in Bewegung gebracht wird.

MERKE
Bringe dein Kind nicht in eine Position, in die es nicht von selbst kommt!

Wir laden dich ein, in deiner Umgebung Ausschau nach unterschiedlichen Untergründen zu halten, die dein Kind beispielsweise beim Krabbeln erkunden kann. Sei es eine Wiese, Sand, Steine, Asphalt – all dies gibt deinem Kind unterschiedliche Erfahrungsmöglichkeiten.

#LEARNING

Die Tochter einer Freundin hat sehr früh begonnen, sich hochzuziehen, sie fand es spannend, wenn das ältere Geschwisterkind beispielsweise auf dem Sofa saß. Unserer Freundin war es aber wichtig, dass die Tochter Zeit und Raum für ihre einzelnen Entwicklungsschritte hat und sich nicht zu schnell in eine neue Position begibt. Daraufhin hat sie ihrer Tochter ein Holzauto angeboten, das sie gut greifen konnte. Sie hatte damit viel Freude beim ausgiebigen Krabbeln durch die ganze Wohnung. So schaffte unsere Freundin ihrer Tochter eine Möglichkeit, immer wieder in diese krabbelnde Bewegung zu gehen.

Auch, wenn dein Kind bereits laufen kann, muss es nicht immer laufen. Schaffe weiterhin interessante Möglichkeiten, sodass es sich auch krabbelnd oder kriechend fortbewegt.

Fängt dein Kind an, sich hochzuziehen, wird es höchstwahrscheinlich auch mal hinfallen, und zwar nicht nur einmal, sondern öfter. Wir wollen dich ermutigen, das zuzulassen! Fallenlernen gehört genauso dazu wie aus eigener Kraft aufzustehen. Und ja, es kann da auch mal Tränen geben, und es kann auch sein, dass dein Kind sich wehgetan hat. Das ist okay und das gehört dazu. Erfährt dein Kind von klein auf, dass es fallen kann und darf, lernt es, sich und seinen Körper zu kontrollieren. Zudem fällt es unter Begleitung von dir oder anderen Erwachsenen, die da sind, um es zu trösten und den Schmerz zu begleiten. Beobachte dein Kind achtsam, und beobachte auch dich! Manchmal ist es so, dass wir schon in einer Hab-Acht-Stellung dastehen und es vorherzusehen ist, dass gleich etwas passieren wird. Lerne dein Kind kennen, vertrau auf seine Fähigkeiten und handle verantwortungsbewusst in deiner Elternrolle. Wenn du merkst, dass dein Kind eigentlich müde ist und das Bedürfnis nach Ruhe und Entspannung da ist, dann handle danach und entscheide du für dein Kind.

Dann gibt es oft auch noch andere Situationen, wie diese: Ein Kind fällt hin, schaut auf und wartet schon auf die Reaktion eines Erwachsenen. Manchmal sind das geübte und antrainierte Verhaltensmuster. Reflektiere dich in solchen Situationen! Fällt dein Kind hin und steht von selbst wieder auf, dann braucht das keine Aufmerksamkeit oder einen Kommentar!

#LEARNING

Wir haben unserer Tochter zum ersten Geburtstag einen sogenannten »Lauflernwagen« geschenkt. Sie hat sich gefreut und den Wagen auch geschoben. Nur habe ich beobachtet, dass der Wagen noch viel zu sehr sie in Bewegung brachte statt umgekehrt, sie nicht in einer aufrechten Körperhaltung schob und viel zu schnell wurde. Daraufhin haben wir den Wagen wieder weggeräumt – das gab einen kurzen Protest, aber es war unglaublich wichtig. Wir haben unserer Tochter noch mal ca. zwei Monate Zeit gegeben, sich ohne diesen Wagen zu bewegen, und sie konnte dadurch viel mehr Erfahrungen mit sich und ihrem Körper machen. Später hat sie den Wagen gern gemocht, um Dinge zu transportieren, und er diente als *Laufwagen!*

Wir hoffen, diese Geschichte ermutigt dich, genau zu beobachten, und lädt dich auch ein, dass es völlig okay ist, Dinge wieder wegzuräumen, wenn es noch nicht der richtige Zeitpunkt für dein Kind ist. **Nicht immer können wir das im Vorfeld abschätzen und merken es erst im Doing!**

Kann dein Kind frei und sicher laufen, ist wohl eine der schönsten Aktivitäten das Spazierengehen. Nur ist der Spaziergang mit Kleinkind nicht unbedingt so zu verstehen wie der für Erwachsenen.

Hier sind ein paar Impulse für dich zum Spazieren gehen mit deinem Kleinkind:

- **Freiwilligkeit:** Hat dein Kind Lust und Freude am Spazieren, wird es laufen - hat es die nicht mehr, sorge für eine Alternative! Gerade in der ersten Zeit ist so, so wichtig, dass dein Kind, wenn es nicht mehr laufen möchte oder kann, eine andere Möglichkeit hat. Das kann sein, dass du den Kinderwagen mit dabeihast, eine Trage, eine Kraxe, oder du trägst dein Kind im Arm. Schau hier, was für euch gut passt! Spürt dein Kind diese absolute Freiwilligkeit, kann es viel leichter freudvoll spazieren. Macht es die Erfahrung von: »Das ist anstrengend«, oder: »Ich muss da durch«, geht es vielleicht beim nächsten Mal schon in den Widerstand.
- **Der Weg ist das Ziel:** Es geht nicht darum, möglichst weite Strecken mit deinem Kleinkind zurückzulegen. Es interessiert sich vielleicht gerade für kleine Dinge und hebt gern kleine Steine auf, die es am Weg sieht. Oder es findet die vorbeifahrenden Fahrzeuge spannend, steht da und beobachtet. All das kann sein. Wir sprechen in dieser Zeit oft vom »Spazierenstehen«, was es wohl sehr auf den Punkt bringt. Hast du für dich das Ziel, bei eurem Spaziergang bestimmte Erledigungen zu schaffen, wie Einkaufen o. Ä., dann kommuniziere das klar mit deinem Kind. Vielleicht kann es beim Hin- oder Rückweg in seinem Tempo gehen, und die andere Strecke sitzt es im Wagen oder in der Trage.

- **Vielfalt:** Gerade bei den allerersten Spaziergängen kann es von Vorteil für dein Kind sein, wenn es immer wieder der gleiche Weg ist, es weiß, was kommt, und durch die Wiederholung und Übung sicherer wird. Danach ist es aber ein großer Schatz für dein Kind, wenn du mit ihm unterschiedliche Wege gehst. Vielfalt kann bedeuten, auf verschiedenen Untergründen zu laufen oder verschiedene Steigungen auszuprobieren. Dein Kind wird beispielsweise im Wald andere Erfahrungen machen als in einem Park. Eine Vielfalt für Bewegung ist überall möglich!

- **Sicherheit:** Was uns hier noch wichtig ist, anzusprechen, ist das Thema Sicherheit. Dein Kind kann Gefahren noch nicht einschätzen, und deshalb bist du dafür verantwortlich! Was nicht heißt, dass du mit deinem Kind nicht neben einer Straße laufen kannst, sondern es ist hier ganz wichtig, bewusst Vorbild zu sein! Überlege dir, welche Regeln und Strukturen für dich wichtig sind in dieser Umgebung, in der ihr unterwegs seid.
- **Als ein Beispiel:** nehmen wir hier mal das Überqueren von Straßen: Hier reicht ein kurzes »Stopp« – innehalten –, »Links-rechts-links-Schauen«, und dann, wenn kein Auto kommt, überquert ihr die Straße. Machst du das mit deinem Kind genauso immer und immer wieder, ist das für dein Kind eine Gewohnheit, die ganz selbstverständlich ist. Was nicht heißt, dass wir ihm in jungen Jahren die Verantwortung dafür übertragen können, weil es auch etwas Spannendes auf der gegenüberliegenden Seite sehen kann, oder der Ball rollt weg, und es läuft im Affekt hinterher.

FAHRZEUGE

Bewegt dein Kind sich sicher vorwärts, kommt vielleicht irgendwann das Interesse auf, sich mit einem Fahrzeug fortzubewegen. Jetzt fragst du dich, wie du das erkennen kannst oder wo dein Kind Fahrzeuge sieht.

Wichtige Kriterien und Tipps für ein erstes Fahrzeug:

- Die Höhe des Sitzes sollte verstellbar sein und dein Kind so sitzen, dass es in einer guten »Laufposition« ist.
- Es kann sich damit natürlich fortbewegen, d. h. die Beine abwechselnd bewegen, es findet kein gleichzeitiges Abdrücken mit den Füßen statt. Beobachte hier genau!
- Es ist leicht. Somit braucht dein Kind weniger Kraftaufwand, um es fortzubewegen, und auch für dich ist es leichter zu tragen. Denn auch hier kann es sein wie beim Spazieren: dass dein Kind nicht dauerhaft fahren möchte.
- Biete deinem Kind das Fahrzeug erst einmal in der Wohnung an. Warum? Es hat hier die Möglichkeit, zu üben: selbstständig auf- und abzusteigen, sich langsam fortzubewegen, zu lenken, vertraut zu werden. In der häusli-

chen Umgebung erfährt dein Kind weniger Ablenkung und kann so leichter üben. Ist es sicher, geht es natürlich ab nach draußen!
- Etabliere den Helm als etwas Selbstverständliches, sobald das Fahrzeug außerhalb der Wohnung genutzt wird.

Wir würden dir für dein Kind folgende Fahrzeuge empfehlen:

1. **Laufrad:** Dein Kind lernt, das Gleichgewicht zu halten.
2. **Dreirad oder anderes Fahrzeug zum Treten:** Dein Kind lernt das Treten.
3. **Fahrrad:** Dein Kind kann Gleichgewicht und treten kombinieren.
4. **Roller:** Dein Kind bewegt die Beine/Füße unterschiedlich. Je nachdem, ob es sich um einen Roller mit zwei oder drei Rädern handelt, ist es eine andere Herausforderung für dein Kind.

MERKE
Wichtig ist, dass du *dein* Kind im Blick hast und gut beobachtest, was wann für *dein* Kind passend ist!

KLEIDUNG

Kleidung kann ein mögliches Hindernis für die Bewegungsentwicklung deines Kindes sein, deshalb ist es uns ein großes Anliegen, das an dieser Stelle anzusprechen und dich einzuladen, die Anziehsachen deines Kindes bewusst zu wählen, und zwar bewusst im Sinne davon, dass es die Bewegung deines Kindes nicht hindert.

Kleidung für Babys

Dein Baby profitiert bestimmt davon, wenn du ihm immer wieder Möglichkeiten gibst, in denen es sich nackt oder mit ganz wenig Kleidung bewegen kann. Hier hat es die Chance, seinen Körper, und somit sich, noch mal ganz anders wahrzunehmen und seine Haut zu spüren. Für Babys sind an dieser Stelle auch sogenannte »Strampelsäcke« eine gute Möglichkeit, da unsere Klimazone ein dauerhaftes Nacktsein für Kinder wohl kaum zulässt.

Hier ein paar Kriterien für die Auswahl von Kleidung für dein Baby:

- **Passend:** Die Hände und Füße sollten frei sein.
- **Enganliegend, aber nicht einengend.**
- **Dehnbar:** Die Stoffe sollten sich mitbewegen.
- **Weiche Nähte und Bündchen.**
- **Wenige oder keine Knöpfe.**

Kleidung für (ältere) Kinder

Kinder – so ca. ab dem laufenden Alter – möchten sich möglicherweise schon allein an- und ausziehen. Das heißt, die Kleidung, die du dann für dein Kind wählst, sollte zum einen unter dem Aspekt der Bewegungsentwicklung angeschaut werden und zum anderen unter dem Aspekt der Selbstständigkeit. Somit bleiben manche Kriterien gleich, denn auch ein beispielsweise sechsjähriges Kind klettert bzw. bewegt sich leichter in einer bequemen Hose als in einer Skinny Jeans. Die Verschlüsse der Kleidung können sich dem Entwicklungsalter deines Kindes anpassen. Eine Strickjacke mit großen Knöpfen eignet sich beispielsweise sehr gut, um das Öffnen und Schließen von Knöpfen im Alltag zu üben und auch anzuwenden. Ebenso ergibt es Sinn, Schuhe mit Schnürsenkeln zu kaufen, wenn dein Kind bereits die Schleife selbst binden kann. So hält der Alltag ein ganz natürliches Übungsfeld bereit.

Hier ein paar Kriterien für die Auswahl von Kleidung für dein Kind:

- **Passend:** Die Hände und Füße sollten frei sein.
- **Enganliegend, aber nicht einengend.**
- **Dehnbar:** Die Stoffe sollten sich mitbewegen.
- **Weiche Nähte und Bündchen.**
- **Verschlüsse je nach Entwicklungsalter passend.**

SPRACHE

Materialangebot Nummer eins für dein Kind ist deine Stimme als Mama oder Papa! Bereits ab der 20. Schwangerschaftswoche hört dein Baby im Bauch mit, und du bist sozusagen sein erstes »Material« in Bezug auf Sprache. Diese ist in jeden anderen Bereich ebenso integriert, denn sie ist alles und somit ein Schlüssel zur Welt für dein Kind! Dazu ist es wichtig, dass du dein Kind in Sprache badest - und zwar in einem angenehmen Wohlfühlbad. Denn in Sprache zu baden meint nicht in ihr zu ertrinken!

In diesem Kapitel bekommst du konkrete Ideen an die Hand, wie du dein Kind sprachlich begleiten kannst. Schließlich bist du in erster Linie Material in Bezug auf Sprache für dein Kind. Somit hat dieser Bereich sehr viel mit dir und deinen Worten zu tun! Und keine Sorge: Manches klingt vielleicht zunächst etwas ungewohnt, ist aber ziemlich easy und macht richtig Spaß.

»Gewiss, wenn das Kind in einer Umgebung lebt, wo es wenige Worte oder Dialekt hört, wird es sich nur dieser Worte bedienen; aber wenn es in einer Umgebung gebildeter Sprache und reichen Wortschatzes lebt, wird das Kind dies alles fest in sich aufnehmen können.«

Maria Montessori, Das kreative Kind

AUGENKONTAKT

Sprichst du mit deinem Kind, schau es genau an und nimm wirklich bewussten Augenkontakt auf. Wir kommunizieren über unterschiedliche Ebenen: verbal über die Sprache, nonverbal über unsere Mimik und Gestik und paraverbal über den Klang unserer Stimme. Gerade über diese paraverbale Ebene kommt bei deinem Kind am meisten an. Spiele mit deiner Stimme, sei echt, sei authentisch, zeig deine Freude!

KOMMUNIKATION VON ANFANG AN

Auch dein Kind kommuniziert von Anfang an mit dir, es drückt sich mit Lauten und Weinen aus und zeigt so seine Bedürfnisse an. Das kann sein, dass dein Baby Unwohlsein ausdrückt und etwas braucht – eine frische Windel, Nahrung, oder es verarbeitet gerade etwas, braucht einfach Nähe. Es kann aber auch sein, dass dein Baby einfach sich und seine Laute entdeckt, juchzt, kräht, gurrt und Freude dabei hat. Gehe mit deinem Kind ins »Gespräch«, erwidere seine Kommunikation.

BENENNE ALLES, UND ZWAR RICHTIG

Dein Kind nimmt alles auf, und das ist eine riesige Chance, den Wortschatz deines Kindes zu »füttern«. Und zwar die Dinge und Gegenstände einfach richtig zu benennen. Das bedeutet konkret, dass du deinem Kind beispielsweise »Gouda«, »Emmentaler« oder »Ziegenkäse« anbietest und nicht einfach nur »Käse«.

#LEARNING

Erst vor kurzem hat uns eine Geschichte einer Mama erreicht, die mit ihrer fast zweijährigen Tochter in der Bücherei war. Die Tochter hat sich ein Buch mit Vögeln genommen, sich hingesetzt und das Buch angeschaut. Dabei hat sie die Vögel benannt: »Schau mal, Amsel«, »Rotkehlchen«, »Blaumeise« usw. Nebenan saß eine andere Mama mit bereits viel älteren Kindern, war sichtlich erstaunt und fragte, wie sie das mit ihrer Tochter »trainiert«, dass sie die Vögel alle kennt. Die Mama antwortete: »Wir trainieren gar nichts, wir haben ein Vogelhaus im Garten, und wenn wir Vögel sehen, dann sag ich meiner Tochter, wie diese heißen«.

Wir hoffen, dass die Geschichte dir deutlich macht, dass es einfach darum geht, das Leben zu leben und im eigenen Alltag die Dinge *richtig* zu benennen. Und ja, keiner von uns ist allwissend, deshalb ist es eine coole Chance, mit unseren Kindern mitzulernen und z.B. auch Bestimmungsbücher für Tiere, Pflanzen usw. zu nutzen. Glaub uns, auch deine Welt erweitert sich so durch dein Kind. Und das ist großartig! Wer weiß schon, wie lange Bienen schlafen?

SITUATIONEN BEGLEITEN

Nutze bewusst euren Alltag, um Sprache erlebbar zu machen. Begleite Situationen der Körperpflege, des An- und Ausziehens, Übergänge, z.B. wenn Besuch kommt oder ihr das Haus verlasst, ganz bewusst, um dein Kind »mitzunehmen«. Es versteht dich von Anfang an. Benutzt du immer wieder die gleichen Muster in deiner Sprache, gibt das deinem Kind Orientierung und Sicherheit. Dein Kind wird dadurch möglicherweise entspannter, weil es schon weiß, was kommt.

Wichtig ist hier, nicht nur davon zu reden, sondern auch dementsprechend zu handeln. Seid ihr beispielsweise bei Freunden zu Besuch und du sagst: »Wir gehen gleich, zieh dich schon mal an«, während du selbst noch im Gespräch bist, also dein Kind nicht erkennen kann, dass du wirklich gehen willst, könnte der Aufbruch schwierig werden. Hier ist es wichtig, das Gehen erst anzukündigen, wenn du selbst bereit bist. Auch, wenn du noch ein Gespräch zu Ende führst, kannst du schon mal aufstehen und mit deinem Kind zur Garderobe gehen. Parallel bist du zwar noch im Gespräch, aber dein Kind erkennt durch dein Handeln, worum es geht.

SAGE, WAS DU WILLST

Formuliere Aufträge positiv, sage deinem Kind, was es tun soll und nicht was es nicht tun soll! Hier ein paar einfache Beispiele:

- »Deine Füße kommen/bleiben unter dem Tisch!« - wenn dein Kind die Füße auf den Tisch hat.
- »Hier gehen wir!« - wenn dein Kind in einer Situation rennt, in der es nicht möglich/sicher ist.

- »Trage deinen Teller mit beiden Händen« - wenn dein Kind den Teller mit einer Hand trägt.
- »Halte die Bausteine fest in deiner Hand und lege sie auf dem Teppich ab« - wenn dein Kind die Bausteine werfen möchte.

Anette Prehn spricht hier von einer sogenannten »brainsmarten Sprache«. Wir finden, dass es das sehr gut auf den Punkt trifft. Denn ein »Nicht« blendet unser Gehirn aus. Sagen wir, was wir wollen, ist es für alle Familienmitglieder leichter, sich dessen bewusst zu sein, sich in der eigenen Sprache immer wieder zu reflektieren und zu üben, was sinnvoll ist.

ERST MAL KURZ UND KNACKIG

Je jünger dein Kind, desto kürzer die Sätze. Nutze Wiederholungen und sprich einigermaßen langsam, also einfach nicht zu schnell. Die neuronalen Netze im Gehirn deines Kindes bauen sich erst nach und nach auf: Sie sind zu Beginn noch langsamer, und durch die Wiederholung werden sie immer schneller. Und das dauert nicht nur ein paar Wochen, sondern erstreckt sich meist über die gesamten ersten Lebensjahre.

Wird dein Kind älter, wirst du automatisch in umfangreicheren Sätzen mit ihm sprechen. Wichtig ist, dass du mit ihm in einer grammatikalisch richtigen Sprache sprichst. Denk dran, der Absorbierende Geist nimmt alles unbewusst auf, auch die Satzstrukturen und -muster, die dein Kind im Alltag erlebt.

DIE REALITÄT DEINES KINDES

Befindet sich dein Kind in der ersten Entwicklungsstufe, geht es darum, Kind seiner Zeit, seines Ortes und seines Raumes zu werden. Dein Kind lebt im Hier und Jetzt! Dementsprechend empfehlen wir dir auch klar, deine Sprache so zu wählen! Benenne die Dinge, die dein Kind sieht, und beziehe dich bei Erzählungen auf Situationen, die ihm vertraut sind, die es bereits erlebt hat. Gegen Ende der ersten Entwicklungsstufe kannst du das immer weiter fassen. Das wirst du an deinem Kind merken. Bleib zunächst bei der Realität und im Konkreten, das hilft ihm, seine Welt zu verstehen. Somit schaffst du eine wunderbare Grundlage dafür, dass dein Kind seine Vorstellungskraft entwickeln kann.

WIE SPRICHST DU?

Vielleicht kennst du diese Situation: Dein Kind spielt, und du hörst dich selbst reden?! Es nimmt deine Sprache einfach vollumfänglich auf. So, wie du mit deinem Kind sprichst, aber auch wie du mit anderen sprichst - ob mit deinem Partner, deinen anderen Kindern, deinen Eltern oder Freunden - übernimmt dein Kind deine Sprache. **Du bist immerzu Sprachvorbild, sei dir dessen bewusst!**

Das kannst du jetzt einfach positiv in deinem Alltag nutzen, indem du dich z. B. bedankst, wenn dir jemand etwas gibt, etwa wenn dein Kind dir etwas bringt. Du kannst beim Essen bewusst um etwas bitten: »Kannst du mir bitte die Marmelade geben?« - Das sind alles Situationen, die dein Kind aufnimmt, und irgendwann auch selbst anwenden wird, ohne dass du einfordern musst: »Jetzt sag mal danke!« - Oder ohne die allgemein bekannte Frage formulieren zu müssen: »Wie sagt man?« - Nein, dein Kind sagt es aus sich heraus, wenn es für es passt!

RICHTIG WIEDERHOLEN STATT VERBESSERN!

Dein Kind befindet sich in der Zeit, in der sich seine Sprache entwickelt. Das ist ein Prozess und ein Übungsfeld. Spricht dein Kind Worte »nicht richtig« aus, wiederhole du sie einfach noch einmal richtig. Das reicht, keine weiteren Kommentare, Belehrungen oder Ähnliches sind nötig. Dein Kind hört so den Satz oder das Wort noch mal richtig und kann es abspeichern. Sich darüber lustig zu machen, weil es so niedlich klingt, wenn dein Kind vielleicht manches anders ausspricht, oder zu verbessern, kann bei deinem Kind zu Verunsicherung führen. Es hält sich dann vielleicht eher zurück und mag lieber nichts sagen, weil es Angst hat, dass es falsch ist oder es ausgelacht wird. Verzichte deshalb auf solche Situationen und sei positiver Filter, indem du einfach und schlicht wiederholst.

BÜCHER

Bücher sind ein Kulturgut und können dir und deinem Kind so viele wunderbare Erfahrungen und Möglichkeiten schaffen! Wenn du uns bereits auf Instagram folgst oder unser Online-Magazin abonniert hast, weißt du, wie sehr wir beide Bücher lieben, und dass sie ein täglicher Begleiter im Alltag mit unseren Kindern sind.

Unsere Tipps für dich, wenn du Bücher für dein Kind auswählst:

- **Achte auf realistische Bilder und Geschichten!** Wie bereits oben angesprochen kann dein Kind leichter Verbindungen herstellen, wenn die Bilder und Texte in seinen Büchern mit seiner eigenen Realität zu tun haben.
- **Wähle Bücher, die zum Entwicklungsstand deines Kindes passen!** Für ein junges Kind reichen Bilder zum Betrachten oder ganz kurze Geschichten. Für ältere Kinder dürfen es umfangreichere Erzählungen und Themen sein.
- **Denke an Vielfalt:** beim Format des Buches, beim Material, beim Inhalt und auch bei der Sprache! Die meisten Kinder lieben Bücher, die in Reimform geschrieben sind. Sie geben eine andere Möglichkeit, Sprache zu erfahren. Es kommen von Tag zu Tag mehr Bücher auf den Markt, die die Vielfalt unserer Welt widerspiegeln und Diversität beachten.
- **Wähle Bücher, die dir selbst auch gefallen!** Dein Kind spürt, wenn du Freude am Vorlesen hast. Vorlesen und gemeinsames Anschauen von Büchern können wunderschöne Beziehungsmomente sein.

Im Zusatzmaterial dieses Buches erwarten dich viele konkrete Buchtipps von uns, so dass du erst gar nicht lange nach großartigen und wunderschönen Kinderbüchern suchen musst!

Vorlesen und Bücheranschauen als Ritual

Im letzten Kapitel haben wir dir den Bereich zum Lesen als Aktivitätsplatz bereits vorgestellt. Du hast Impulse bekommen, wie du deinem Kind Bücher immer zugänglich machen kannst. Darüber hinaus laden wir dich ein, zu überlegen, ob und wenn ja, wo, es in eurem Alltag passen könnte, das Vorlesen als ein festes Ritual zu etablieren. Warum es sinnvoll ist, ein Vorleseritual zu etablieren?

- Du schaffst einen wunderbaren Verbindungsmoment mit deinem Kind. Hochwertige Eltern-Kind-Quality-Time ist einfach so wichtig für eine enge Bindung.
- Du ermöglichst deinem Kind einen regelmäßigen Kontakt mit dem Medium Buch. Durch diese Kontinuität erhält es Zugang zu einer Vielfalt an Büchern.
- Dein Kind wird mit einer Vielzahl von Wörtern, Ausdrücken und Satzstrukturen vertraut, was seine sprachliche Entwicklung fördert.
- Das Vorlesen hilft deinem Kind, ein Interesse an Büchern und Geschichten zu entwickeln. Dies legt den Grundstein für gute Lesegewohnheiten später im Leben. Und inzwischen wurde sogar nachgewiesen, dass Kinder, die regelmäßig vorgelesen bekommen, dazu neigen, begeistertere Leser zu werden.
- Dein Kind übt sich in seiner Vorstellungskraft, wenn du ihm vorliest.
- Das Vorlesen kann eine beruhigende und entspannende Aktivität sein, die dein Kind unterstützt, sich zu entspannen und zur Ruhe zu kommen.
- Dein Kind erweitert durch das Vorlesen sein Wissen über verschiedene Themen, Orte und Zeiten. Es kann auch dazu beitragen, seine Neugierde zu wecken und es zu einem lebenslang motivierten Lernenden zu machen.

Also, alles in allem sind Bücher echt genial! Probiere es aus!

Bücher müssen nicht immer neu sein

Manche Bücher hat dein Kind vielleicht über einen längeren Zeitraum, wiederum andere nur ganz kurz. Du musst die Bücher nicht immer neu kaufen. Halte die Augen offen bei Flohmärkten und Basaren, vielleicht schafft ihr auch eine Tauschbörse mit Freunden oder besucht eine Bücherei in eurer Nähe. Ein regelmäßiger Büchereibesuch ist für uns zu einem sehr schönen Ritual geworden.

REIME UND FINGERSPIELE

Reime und Fingerspiele sind ein wundervolles »Sprachmaterial«, das du deinem Kind anbieten kannst. Hier kommen oftmals auch Worte vor, die du im Alltag vielleicht so gar nicht verwendest, das heißt, dein Kind erfährt zum einen eine Wortschatzerweiterung, zum anderen aber auch die Sprache als rhythmisierende Sprache.

DIE 3-STUFEN-LEKTION

Neben Büchern, Reimen und der Sprache im Alltag gibt es im Montessori-Entwicklungskonzept auch konkrete Sprachmaterialien, die den Kindern in Montessori-Krippen und -Kinderhäusern zur Verfügung stehen.

Du möchtest aber gar keine Einrichtung sein, sondern »Montessori einfach leben« und zwar zuhause. Und auch hier kannst du ein Tool, die sogenannte »3-Stufen-Lektion«, wunderbar nutzen. Aber wie geht das, und womit? Nun, verwenden kannst du:

- reale Gegenstände wie Obst, Gemüse, Blumen etc.
- Miniaturgegenstände wie kleine Tiere, Fahrzeuge oder Puppenhausmöbel

Für diese beiden Varianten musst du erst mal nichts anschaffen, sondern nimmst einfach das, was da ist. Wählst du die Variante mit den Miniaturgegenständen, dann kannst du sie einfach auf vier bis sechs Dinge beschränken. Wichtig ist, sie zu kategorisieren, das heißt, die Objekte aufgrund ihrer gemeinsamen Merkmale oder Eigenschaften in eine Gruppe zu ordnen, wie z. B. Bauernhoftiere, Rettungsfahrzeuge oder Sitzmöbel. Hast du eine kategorisierte Auswahl an Gegenständen zusammen, kann es auch schon losgehen!

1. Stufe: Assoziation – eine gedankliche Verbindung herstellen

- Nimm den Gegenstand in die Hand und nenne den Namen dazu, wiederhole es ca. drei Mal.
- Achte darauf, klar und deutlich zu sprechen!
- Stelle den Gegenstand ab und lass ihn dein Kind in die Hand nehmen.
- Wiederhole wieder die Bezeichnung des Objekts.
- Lass dein Kind den Gegenstand ablegen.
- Nimm den nächsten Gegenstand in die Hand.
- Diesen Ablauf wiederholst du mit allen vier bis sechs Gegenständen.
- Gehe abschließend alle Gegenstände in rückführender Reihenfolge durch.

Vielleicht fragst du dich, weshalb dieser Ablauf sinnvoll ist. Nun, in dieser ersten Stufe wird eine Verbindung im Gehirn zwischen der Sinneswahrnehmung und deren Bezeichnung hergestellt.

2. Stufe: Wiedererkennen

- Alle Gegenstände liegen jetzt vor euch.
- Jetzt kannst du mit deinem Kind in ein Spiel eintauchen.
- »Zeige mir …!«, »Gib mir …!« »Lege … hierhin!« usw.
- Das ist der umfangreichste und intensivste Teil. Hier könnt ihr ewig verweilen, und das kann richtig Spaß machen. Diese Stufe dient dem Wiedererkennen des dem Namen entsprechenden Gegenstandes.

3. Stufe: Aktive Anwendung

Bis hierhin war es nicht nötig für dein Kind, selbst zu sprechen. Die 3. Stufe wendest du erst an, wenn du weißt, dass dein Kind die Gegenstände alle kennt und Namen dazu bereits aussprechen kann! Es kann also sein, dass dies erst Tage oder Wochen später passiert.

- Alle Gegenstände liegen wieder vor euch.
- Jetzt startest du ein neues Spiel.
- »Wie heißt dieses Obst?«, »Wie sagen wir dazu?«, »Was ist das?« usw.
- Bei diesen Fragen zeigst du auf den jeweiligen Gegenstand.

In der dritten Stufe geht es also darum, den Gegenstand und das Wort mit der eigenen Sprache zu verbinden.

MERKE

Ganz wichtig! Hab immer die individuelle Entwicklung deines Kindes im Blick. Achte darauf, dass, wenn dein Kind den Begriff nicht kennt oder ihn nicht sagen möchte, du den Begriff nennst. Es gibt hier keine Bloßstellungen! Es ist ein Spiel voller Freude und Verbindung!

Im Zusatzmaterial findest du auch einen praktischen Leitfaden für die 3-Stufen-Lektion zum Ausdrucken!

DAS INTERESSE FÜR BUCHSTABEN

Maria Montessori hat schon vor über 100 Jahren beobachtet, dass Kinder ab ca. dem dritten Lebensjahr ein besonderes Interesse für Buchstaben und Schrift haben. Dafür hat sie einige aufeinander aufbauende, sehr geniale Materialen speziell für das Kinderhaus, das heißt für Kinder im Alter von drei bis sechs Jahren, entwickelt. Angefangen bei den Sandpapierbuchstaben über Klassifikationskarten und Symbole für Wortarten bis hin zur Satzanalyse – diese und noch mehr Materialien solltest du in einem Montessori-Kinderhaus vorfinden. Doch was machen wir zuhause?

Hier ein paar einfache Tipps für dich, um dein Kind beim Interesse für Buchstaben und Schrift zu unterstützen:

- Sprich Buchstaben bewusst lautgetreu aus. Das bedeutet, dass du »m« sagst und nicht »em«.
- Schreibe mit einem Stift auf Papier vor deinem Kind, und zwar so, wie du schreibst! In Schreibschrift (bzw. deiner Handschrift) und in Groß- und Kleinbuchstaben!
- Nimm deinen Finger beim Lesen mit und zeige, wo du liest.
- Spiele »Ich sehe was, was du nicht siehst, und das beginnt mit D« mit deinem Kind. So kannst du das mit verschiedenen Buchstaben machen, ganz nebenbei im Alltag. Kleiner, unheimlich wichtiger Reminder für dich an dieser Stelle: Denk unbedingt daran, nicht »De« zu sagen, sondern »D«!
- Lautierungsspiele kannst du mit deinem Kind beispielsweise auch mit einer Kiste mit Tieren machen. Also z. B. alle Tiere suchen, die mit »K« beginnen. Hier kannst du auch Kärtchen mit dem Buchstaben drauf schreiben, und ihr stellt die Tiere dazu.

Wichtig zu wissen: Das Schreiben kommt vor dem Lesen!

AUGE-HAND-KOORDINATION

Die Koordination von Augen und Händen, so einfach und doch so wichtig, vor allem in den ersten Lebensjahren. Für uns sind diese Handgriffe und Tätigkeiten in vielen Bereichen selbstverständlich und automatisiert. Für dein Kind stellen sie zunächst eine Herausforderung und einen Lernprozess dar. Das Greifen ist eine besondere menschliche Fähigkeit! Greifen und Loslassen sind zu Beginn für dein Kind sehr komplexe Vorgänge. Es braucht Wiederholung. Es wird diese immer und immer wieder üben, um diese Fähigkeit auszubilden, und dabei mit der Zeit genauer und zielgerichteter werden.

Die Bewegungen der Hand werden immer feiner, und es ist wichtig, dass du darauf achtest, verschiedene Möglichkeiten zu schaffen, um Bewegung auch zu provozieren.

Wichtig ist dabei, darauf zu achten, dass …

- … die Größe der Materialien den Proportionen der Kinderhände entspricht.
- … sie sich angenehm anfühlen.
- … sie ansprechend sind und dein Kind einladen, damit aktiv sein zu wollen.

Mit den Übungen zur Auge-Hand-Koordination übt dein Kind durch vielfältige Möglichkeiten seine Handbewegung und verfeinert diese mehr und mehr. Zudem kann es auch die Koordination seiner Finger und verschiedene Grifftechniken damit ausprobieren und übt die Präzession seiner Handbewegung.

OBJEKTPERMANENZ

Um den neunten Lebensmonat herum entwickelt sich die sogenannte Objektpermanenz. Was ist das? Kinder verstehen dann, dass, wenn etwas verschwunden ist, es dennoch da ist. Vorher war es für sie so, dass alles, was nicht mehr zu sehen war, auch wirklich weg war! Jetzt wissen sie, dass der Ball unter dem Tuch ist, und ziehen das Tuch weg, um an den Ball zu kommen. Der Klassiker für diese Zeit sind die typischen »Guck-Guck-Spiele«, die über viele Kulturen hinweg schon seit Generationen weit verbreitet sind.

Hier sind ein paar Beispielaktivitäten zur Unterstützung des Aufbaus der Objektpermanenz, die du deinem Kind bereitstellen kannst. Natürlich immer im Vorausgang deiner Beobachtung und des Interesses deines Kindes!

WERFEN UND STECKEN

Ein Spielmaterial, das den Prozess der Objektpermanenz unterstützen kann, ist eine Box oder ein kleiner Kasten, in den dein Kind Gegenstände wirft. Diese sind dann zunächst nicht mehr sichtbar, können aber wieder herausgeholt werden und sind somit »wieder da«. Dazu gibt es unzählige Spielmaterialien zu kaufen. Du kannst diese aber auch mit einer kleinen Schuhschachtel oder einer Dose relativ einfach und kostengünstig selbst erstellen. Wichtig ist, dass du einen oder wenige gleiche Gegenstände wählst, die dein Kind gut durch die Öffnung werfen kann.

Ebenso kannst du deinem Kind Ringe, Scheiben oder Kuben anbieten, die es auf einen feststehenden oder schaukelnden Stab aufstecken kann. Bei vielen solcher im Handel erhältlichen Materialien sind oftmals acht, zehn oder noch mehr Einzelteile dabei. Wir empfehlen dir für den Beginn, die Anzahl der Teile auf ca. drei bis fünf zu reduzieren. So ist die Aktivität für dein Kind viel überschaubarer und klarer. Nach und nach kannst du dann selbstverständlich die Menge erhöhen und neue Herausforderungen schaffen.

AUF UND ZU

Vielleicht beobachtest du bei deinem Kind, dass es sehr gern Knöpfe, Reißverschlüsse, Dosen, oder Ähnliches auf und zu machen möchte. Dies ist eine wunderbare Gelegenheit, ein kleines Körbchen mit verschiedenen Gegenständen zum Öffnen und Schließen bereitzustellen. Das ist so einfach! Suche aus deiner Umgebung wenige Teile zusammen und stelle sie deinem Kind zur Verfügung – eine Aktivität, die aus unserer Erfahrung ein Favorit unter den Kindern ist. Du kannst hier auch immer wieder Gegenstände tauschen und neue bzw. andere Verschlüsse anbieten. In dieser Aktivität steckt so eine Vielfalt an Bewegungsmöglichkeiten für die Hand deines Kindes.

SCHRAUBEN, FÄDELN, STICKERN

Egal, ob Schrauben aus Holz oder Metall, für Kinder haben sie eine besondere Anziehungskraft und viele junge Kinder lieben es, mit »richtigem« Werkzeug hantieren zu können.

Beim Fädeln ist der ultimative Tipp, nicht mit runden Perlen zu starten, sondern mit Kuben, die etwas größer sind und auch nicht wegrollen können. Stickern ist, so glauben wir, für viele Kinder eine Lieblingsbeschäftigung über Jahre hinweg. Zu Beginn geht es nur um die Tätigkeit an sich. Für kleine Kinderhände ist es eine riesige Herausforderung, einen Sticker abzuziehen und dann aufzukleben. Gerade für die häusliche Umgebung ist es eine so einfache, aber unheimlich wertvolle Übung, um die Hand vielfältig zu nutzen und Präzision zu üben.

PUZZELN

Klassische Puzzles gehören zu den Aktivitäten der Auge-Hand-Koordination. Von erstem Puzzle mit ein bis drei Teilen bis hin zu umfangreicheren mit vielen Teilen gibt es hier unzählige Möglichkeiten. Wir empfehlen dir, »klein« zu starten. Wenn du merkst, dass das aktuelle Puzzle für dein Kind keine Herausforderung mehr darstellt, bietest du wieder ein neues Puzzle an - mit einer weiteren Steigerung bzw. Herausforderung.

#LEARNING

Da Puzzles Spielmaterialien sind, die über keinen allzu langen Zeitraum genutzt werden, wir sie aber für die Entwicklung enorm wichtig finden, haben wir diese selbst oft auf Kinderbasaren oder in Second-Hand-Läden gekauft bzw. unter Freunden und Bekannten ge- und verliehen.

SCHNEIDEN, KLEBEN, NÄHEN

Jetzt fragst du dich vielleicht, was das an dieser Stelle verloren hat. Gehört das nicht zum Bereich Kunst? Jein! Für junge Kinder bis ca. zum dritten Lebensjahr geht es in erster Linie darum, die Technik zu erlernen. Wie halte ich eine Schere so, dass ich es schaffe, damit Papier durchzuschneiden? Wie trage ich Kleber mit einem Pinsel auf ein Papier auf? Wie führe ich eine Nadel durch ein Loch? Hat dein Kind dann diese Basics gelernt und weiß, wie die Dinge funktionieren, hat es die Möglichkeit, damit kreativ zu sein.

Für all die Übungen zur Auge-Hand-Koordination haben wir noch folgende Tipps für dich:

- Bereite die Tätigkeiten auf einem Tablett oder in einem Körbchen für dein Kind vor. So sieht es auf einen Blick, was zusammengehört. Zudem fällt das Ordnunghalten und Aufräumen im Nachhinein viel leichter.
- Wähle wenige Teile. Egal, ob wie bereits erwähnt beim Scheibenturm, oder auch beim Fädeln oder Kleben: Starte mit wenig. Hier ist weniger so viel mehr für dein Kind. Es kann die Tätigkeit mit einigen Teilen immer wieder wiederholen und versinkt nicht in einer Flut von Einzelteilen.

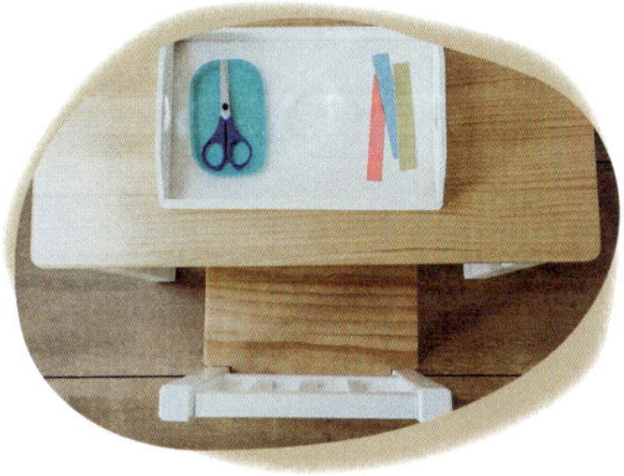

- Nimm dir bewusst Zeit und zeige deinem Kind Step-by-Step, wie es mit den Spielmaterialien aktiv sein kann. Wähle wenige Worte und achte bewusst auf langsame, präzise und achtsame Bewegungen deiner Hand. Dein Kind absorbiert das! Dann lass es damit aktiv sein!

»Die Fähigkeit zur selbstständigen Bewegung ist ein wesentliches Merkmal des Lebens. Da sie ihnen erlaubt, das zu erreichen, was sie brauchen, und dem auszuweichen, was ihnen schaden kann, stellt diese Fähigkeit für alle Lebewesen ein unverzichtbares Hilfsmittel beim Überleben dar.«

Silvana Quattrocchi Montanaro, Das Kind verstehen

ÜBUNGEN DES TÄGLICHEN LEBENS

Ab dem Zeitpunkt, wenn dein Kind laufen kann, seine Hände frei sind und es dir überall hinterherkommt, hast du vielleicht manchmal das Gefühl einen »Schatten« zu haben. Du willst einfach »nur schnell« die Waschmaschine ausleeren und die Wäsche aufhängen, aber da ist jetzt jemand, der mitmachen will, egal was du tust.

Für uns als Eltern sind gerade diese alltäglichen Aufgaben oftmals mühsam, und wir tun sie, um unser Zuhause schön und sauber zu haben. Für junge Kinder steckt dahinter noch etwas anderes! Dein Kind hat nun die Unabhängigkeit in seiner Bewegung errungen, und jetzt geht's weiter. Es möchte »selber« und »alleine« verschiedenen Tätigkeiten ausführen bzw. das tun, was du auch tust. Damit übt es und wächst weitere Schritte in Richtung seiner eigenen Unabhängigkeit. Gleichzeitig möchte dein Kind Teil der Familie sein, dazugehören, machen, was die anderen Familienmitglieder tun. Das ist ein normaler Prozess und unter anderem auch eine Humane Tendenz, wenn du an das erste Kapitel zurückdenkst.

Ganz wichtig ist, dass du dir darüber im Klaren bist, dass dein Kind diese Übungen aus Lust und Freude macht, und *nicht*, um ein Ergebnis, wie z.B. Sauberkeit, zu erzielen! Gerade für das junge Kind stehen das lustvolle Tun und die Freude im Mittelpunkt. Später macht es dies auch bewusst für die Gemeinschaft. Nur für dich als kleiner Reminder: Die Verantwortung liegt weiterhin bei dir! Und ja, durch Übung und Wiederholung wird dein Kind genauer und das Ergebnis kommt deinem Wunsch immer näher.

> *Die Übungen des praktischen Lebens sind ein besonders geeignetes Mittel, um die Fähigkeit der Zusammenarbeit zwischen Eltern und Kind zu entwickeln.*
>
> *Paula Polk Lillard und Lynn Lillard Jessen, Montessori von Anfang an*

Lässt du dein Kind im Haushalt aktiv mithelfen, bietest du ihm auch eine wunderbare Lernchance, was es heißt, »zusammenzuarbeiten« und Aufgaben gemeinsam zu erledigen. Benenne das auch! Beispielsweise beim Wäschezusammenlegen: Sag: »Ich brauche deine Unterstützung!«, »Lege alle Socken zueinander, lege alle Waschlappen zueinander und lege alle Handtücher zueinander«. So baust du das Sortieren und Kategorisieren ganz natürlich in euren Alltag ein. Kann dein Kind bereits Wäsche falten, lass es das tun. Sorge immer wieder dafür, dich mit deinem Kind abzuwechseln und so eine natürliche Kooperation zu ermöglichen. Das macht Spaß und kann auch viele wunderschöne Beziehungsmomente schaffen. So wird die manchmal nervige Hausarbeit vielleicht auch für dich mehr zur Freude, weil du dein Kind beim Wachsen und Lernen begleitest und ihr das gemeinsam mit Spaß verbindet.

Die Übungen des täglichen Lebens sind von verschiedenen Faktoren abhängig bzw. unterschiedlich, je nachdem welche Rituale und Bräuche es in der Umgebung gibt. Aber sie sind auch davon abhängig, was dir wichtig bzw. nicht wichtig ist.

Hier ein kleiner Überblick für dich, was alles zu den Übungen des täglichen Lebens gehören könnte, aufgeteilt in verschiedene Bereiche:

SORGE FÜR SICH SELBST

- an- und ausziehen
- Zähne putzen
- Hände waschen
- Nase putzen
- Körper und Haare waschen (duschen/baden)
- sich abtrocknen
- sich eincremen
- Haare kämmen
- Haare föhnen
- Haare frisieren
- Schuhe putzen

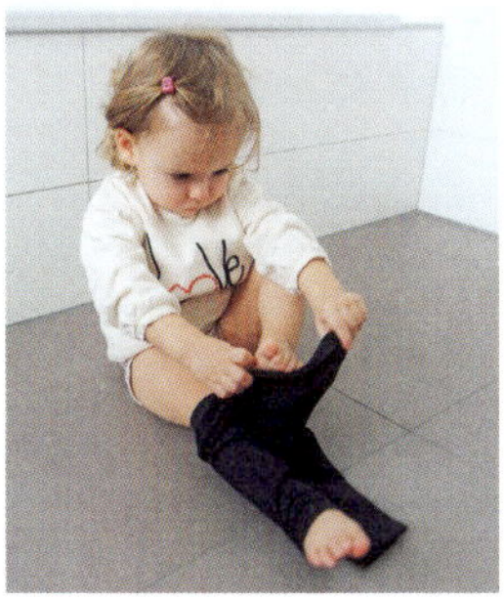

SORGE FÜR DIE UMGEBUNG (INNEN)

- Wäsche:
  - Kleidung sortieren
  - Waschmaschine ein- und ausräumen
  - Wäsche aufhängen
  - Wäschen zusammenlegen
  - Wäsche aufräumen
- Betten machen
- Einkäufe ausräumen, sortieren
- Rund um das Essen und Trinken:
  - Tisch decken
  - Tisch abräumen
  - Tisch abwischen
  - Geschirrspüler einräumen
  - abspülen
  - abtrocknen
  - Servietten falten/rollen
- Sauber machen/putzen:
  - aufräumen
  - abstauben
  - kehren/fegen
  - staubsaugen
  - wischen
  - Fenster putzen
  - Müll sortieren und wegbringen
- Blumenpflege:
  - Blumen gießen
  - Blumen abstauben
  - Blumen in Vasen arrangieren

SORGE FÜR DIE UMGEBUNG (AUSSEN)

- säen und pflanzen
- gießen
- Unkraut jäten
- Auto bzw. Fahrzeuge waschen
- kehren
- Schnee schippen

- **Zubereiten von Mahlzeiten:**
  - Obst/Gemüse waschen
  - Obst/Gemüse schneiden
  - Kuchen backen

- **Tiere versorgen:**
  - Tiere füttern
  - Wassernapf befüllen
  - Ausmisten
  - spazieren

- **Handarbeiten:**
  - sticken
  - nähen
  - knüpfen

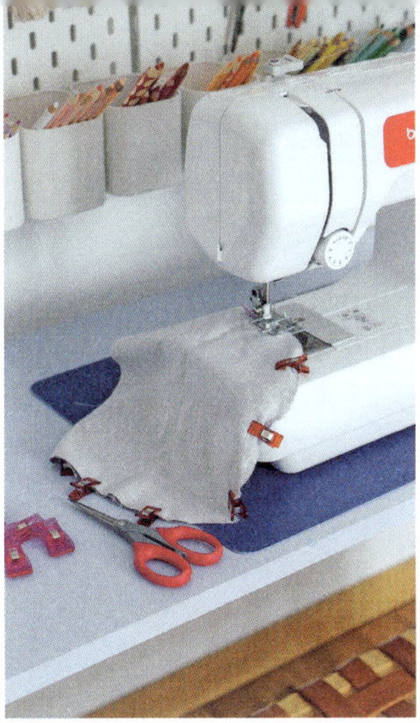

- **Anmut und Höflichkeit:**
  - begrüßen/verabschieden
  - sich bedanken
  - ein Geschenk entgegennehmen
  - sich entschuldigen

Unsere Tipps für dich, wenn du dein Kind im Alltag mithelfen lassen möchtest:

- Überlege dir vorab, wo du es für dich gut zulassen kannst, dass dein Kind aktiv mithilft. Wo kannst du es sinnvoll einbinden? Gibt es andere Bereiche, in denen es für dich eher Stress bedeutet, dein Kind einzubeziehen, sodass womöglich die Beziehungsebene zu deinem Kind leidet?
- Achte bei der Auswahl der Gegenstände auf die richtigen Proportionen, d. h. auf die Größe der Hand deines Kindes und seine Körpergröße.
- Sorge für eine ruhige Umgebung. Stelle nur die Sachen bereit, die ihr für die jeweilige Aktivität auch benötigt. So ermöglichst du einen Fokus und reduzierst Ablenkung!
- Zeige die Tätigkeiten langsam, bewusst und genau. Für dich entsteht vielleicht ein Gefühl von Zeitlupe, aber so kann dein Kind genau zusehen.
- Sprichst du, halte mit den Händen inne. Sind deine Hände aktiv, sei ruhig! So kann dein Kind sich immer auf das Wesentliche fokussieren. Du bist sein positiver Filter!
- Wo deine Hände sind, können die deines Kindes nicht sein. Nimm dich zurück und übe dich in Geduld! Wir wissen, dass das oft eine Challenge ist, aber glaub uns, du wirst immer besser und ermöglichst deinem Kind so viel dadurch.

VIER SCHLÜSSEL ZUR BEGLEITUNG DEINES KINDES IM UMGANG MIT POTENZIELL GEFÄHRLICHEN GEGENSTÄNDEN, UTENSILIEN ODER SITUATIONEN

Gerade im Bereich der Übungen des täglichen Lebens gibt es immer wieder Gegenstände und Utensilien, die du als Mama oder Papa im Alltag verwendest, die aber für dein Kind ein gewisses Sicherheitsrisiko darstellen können. Du kennst ja das altbekannte Sprichwort: »Messer, Gabel, Schere, Licht sind für kleine Kinder nicht.«

Aber ist es wirklich sinnvoll, dass du dein Kind von diesen Gefahren fernhältst? Oder ist es nicht vielleicht sogar viel gefährlicher, wenn du versuchst, dein Kind stets vor kritischen Situationen fernhalten zu wollen? Schließlich ist es beinahe unausweichlich, dass es irgendwann doch einmal damit konfrontiert wird - egal, ob alleine oder sogar in deinem Beisein. Denn manchmal gibt es auch Situationen, in denen eine Begleitung durch dich als Mama oder Papa schwierig oder gar nicht möglich ist. Und dann??? Wird es nicht vielleicht gerade da erst richtig gefährlich, weil dein Kind selbst nicht weiß, wie es damit umgehen kann?

Nun, welche Alternative hast du? Du könntest auch einen Weg einschlagen, der von Vertrauen in dein Kind geleitet ist. Einen Weg, auf dem du es begleitest, es unterstützt, bis es eine Situation - ja, eben auch eine etwas heiklere Situation - allein und im Vertrauen auf sich selbst gut meistern kann.

Aber wie kannst du es nun schaffen, dein Kind mit solchen Situationen oder »Gefahren« vertraut zu machen? Hierzu möchten wir dir vier Schlüssel mit an die Hand geben, die auch uns sehr geholfen haben, im Vertrauen auf unsere Kinder zu bleiben und sie im Umgang mit (scheinbar) gefährlichen, kritischen Situationen zu begleiten!

1. Schlüssel: Sei ein Vorbild!

Dein Kind beobachtet dich ständig. Es schaut sehr genau, was du tust, wie du es tust, und nimmt das unbewusst in sich auf. Sehr häufig verwendet es die gleichen Bewegungen, eine ähnliche Gestik, vielleicht sogar die gleichen Worte, wenn es »nachmachen« will, was du tust. Deshalb ist dies eine unglaubliche Chance für dich, die du definitiv nutzen solltest! Sei ein Vorbild für dein Kind, so gut es geht! Im Alltag heißt das bewusst, langsam und mit Bedacht zu handeln.

2. Schlüssel: Begleite dein Kind!

Dein Kind will kooperieren. Es hat einen enormen Drang in sich, das zu tun, was du tust, es will helfen und dabei sein. Der Alltag bietet wirklich unzählige Möglichkeiten, wie wir bereits aufgelistet haben, dein Kind in alltägliche Aufgaben miteinzubeziehen.

An dieser Stelle möchten wir die Zubereitung von Essen noch einmal aufgreifen. Dein Kind freut sich riesig, wenn es einen wichtigen Teil zum Familienleben beitragen kann – egal, ob beim Obst- oder Gemüseschnippeln oder beim Kochen mit Töpfen und Pfannen. Auch hier gilt wie bereits beschrieben, dass wir uns unserer Vorbildfunktion bewusst sein müssen und genau überlegen sollten, wie wir damit umgehen. Hinzu kommt aber noch ein weiterer Aspekt: die konkrete Begleitung! Es ist wichtig, ganz klar und deutlich zu zeigen, wie z. B. ein Küchenwerkzeug in die Hand genommen wird.

Gut ist es, wenn du dich mit dem Kind abwechselst und dabeibleibst. Sicher erfordert das am Anfang eine gehörige Portion Vertrauen in dein Kind, Geduld und Zeit, aber langfristig gesehen ist es eine Win-win-Situation für alle! Denn du kannst als Mama oder Papa sicher sein, dass dein Kind achtsam mit Messern umgeht, und kannst es daher machen lassen. Gleichzeitig steigen das Selbstwertgefühl und Selbstvertrauen deines Kindes, wenn es diese Tätigkeiten übernehmen kann.

> *Wer bedient wird, statt dass man ihm hilft, nimmt im gewissen Sinne an seiner Unabhängigkeit Schaden.*
>
> *Maria Montessori, Die Entdeckung des Kindes*

3. Schlüssel: Sei geduldig!

Wir Menschen sind unser ganzes Leben lang Lernende. Und besonders Kinder lernen vor allem in den ersten Lebensjahren unglaublich viel und noch dazu unvorstellbar rasant. Sie probieren zu laufen, fallen hin, stehen auf, versuchen es erneut. Wir als Eltern dürfen vor allem lernen, geduldig zu sein, abzuwarten und uns zurückzunehmen.

Einen hilfreichen Tipp für herausfordernde Situationen, den wir in unserem Alltag oft anwenden, möchten wir gerne mit dir teilen: Du kannst dich einfach mal auf deine Hände setzen oder sie hinter den Rücken halten und vertrauen!

Warum? Um ein zu schnelles Eingreifen zu vermeiden. Da zu sein, zu beobachten und geduldig abzuwarten, aber natürlich einzugreifen, wenn deinem Kind, jemand anderem oder auch irgendetwas ein Schaden zugefügt werden würde.

4. Schlüssel: Hab Vertrauen!

Hab Vertrauen in dein Kind! Erlebt es sich als aktiv und kann es sich ausprobieren, lernt es sich selbst immer besser kennen und einschätzen. Gleichzeitig kann das auch eine positive Auswirkung auf eure Beziehung haben - das Kind spürt: »Mir wird vertraut«, »Mir wird etwas zugetraut«, »Ich kann das«, und wird in seinem Selbstvertrauen gestärkt. Darüber hinaus ist es sinnvoll sowie hilfreich, wenn du deinem Kind konkret Feedback gibst. Sag ihm, was es kann! Beispielsweise: »Ich weiß, dass du mit der Schere entlang der vorgezeichneten Linien ausschneiden kannst.«

MERKE

Hier die vier ultimativen Schlüssel im Umgang mit potenziell gefährlichen Utensilien oder Situationen noch einmal kurz und prägnant für dich zum Abspeichern:

Sei ein Vorbild!

Begleite dein Kind!

Sei geduldig!

Hab Vertrauen!

KUNST

Wir laden dich jetzt ein, mit uns einzutauchen in den Bereich der Kunst. Wir werden dir zeigen, wie du deinem Kind eine Umgebung bereitstellen kannst, die es ihm ermöglicht, kreativ zu sein.

Im zweiten Kapitel haben wir dir bereits vorgestellt, wie ein möglicher Platz für Kreativität aussehen kann. Hier werden wir uns jetzt konkreter mögliche Aktivitäten in diesem Bereich anschauen.

Damit dein Kind sich künstlerisch ausdrücken kann, muss es erst mal den Umgang mit verschiedenen Gegenständen, wie beispielsweise einem Stift oder einem Pinsel, üben. Das heißt, es geht im Alter von ca. ein bis drei Jahren vor allem darum, zunächst Techniken zu erlernen und Erfahrungen mit unterschiedlichen Stiften und Materialien zu machen.

In dieser Zeit empfehlen wir dir, deinem Kind immer wenige Sachen zur Verfügung zu stellen, beispielsweise:

- drei Stife
- drei Wachsmalkreiden
- eine Kreide bei der Tafel
- eine Wassermalfarbe mit einem Pinsel
- eine Box mit Ton oder Knete

Mit diesen wenigen Utensilien kann dein Kind aktiv sein, lernt und übt den Umgang mit ihnen und taucht damit bereits in kreatives Arbeiten ein. Für dein Kind ist der kreative Bereich so sehr übersichtlich und leicht in Ordnung zu halten. Ist dein Kind älter bzw. hat es bereits viele Erfahrungen gesammelt, dann können die Utensilien selbstverständlich mehr werden. Denn es ist dann bereits sicherer im Umgang mit all diesen Sachen, kann kombinieren und frei gestalten.

Hier eine Auswahl an Utensilien, die du deinem Kind zur Verfügung stellen könntest:

- Buntstifte
- Wachsmalkreiden
- verschiedene Kleber
- Wolle
- verschiedene Papiere
- unterschiedliche Scheren
- Knete, Ton oder andere Modelliermasse

Unabhängig vom Alter deines Kindes würden wir dir empfehlen, bei der Auswahl an Materialien auf folgende Kriterien zu achten:

- **Qualität der Produkte!** Es macht so viel mehr Freude, mit Stiften zu malen, die auch Farbe abgeben.
- **Natürliche, giftfreie Produkte!** Gerade bei jungen Kindern, die ggf. noch Sachen in den Mund nehmen, ist dieser Aspekt besonders wichtig.
- **Achte auf Vollständigkeit!** Überlege dir vorab, wie du Materialien zum Nachfüllen griffbereit organisieren kannst, ohne dafür extra in den Keller oder so gehen zu müssen.
- **Auf Ästhetik achten!** Mit Gegenständen und Werkzeugen, die ansprechend sind, würdest vermutlich auch du viel lieber arbeiten. Gestalte das auch so für dein Kind!
- **Vielfalt im Blick haben!** Schau, dass dein Kind diverse Möglichkeiten hat, z. B. bei der Auswahl von Stiften, Papieren, etc. um ausprobieren zu können.

> MERKE
> Die Entwicklung des Malens ist etwas, das komplett aus deinem Kind herauskommt. Du musst dafür nichts tun, außer die Umgebung vorzubereiten.

Es gibt verschiedene Personen, u. a. Rhoda Kellogg, die die Malentwicklung von Kindern aus der ganzen Welt unter die Lupe genommen haben und dabei ganz ähnliche Entwicklungsschritte und aufeinanderfolgende Muster erkennen konnten.

Hier ein paar Tipps, wie du dein Kind in seiner Kreativität unterstützen kannst:

- Lass dein Kind immer selbst malen, zeichne nie etwas vor!
- Halte dich mit deinen Kommentaren zurück, es braucht weder eine Bewertung noch eine Korrektur. Das Kunstwerk ist, was es ist! Fordert dein Kind eine Reaktion von dir: *Beschreibe,* was du siehst, z. B. welche Farben es verwendet hat.
- Höre deinem Kind zu, wenn es von sich aus über das Bild sprechen möchte.
- Frage nicht gezielt nach, was dein Kind gemalt hat, denn deinem Kind geht es um das Tun und nicht um das Ergebnis.
- Lege den Fokus in deiner Rückmeldung auf den Prozess und nicht nur auf das Ergebnis, z. B.: »Du hast gerade nacheinander alle Farben verwendet, die du hast.«

MUSIK

Singen, Musizieren, Musik hören und Tanzen kann ein wunderschöner und wichtiger Bestandteil im Alltag mit deinem Kind sein.

SINGEN

Das Instrument, das du immer dabeihast, ist deine Stimme, und diese bietet so viele Möglichkeiten, mit der du die Entwicklung deines Kindes positiv beeinflussen kannst. Vielleicht singst du nicht so gerne, weil du einmal eine negative Rückmeldung bekommen hast, dass du angeblich nicht oder nicht so gut singen kannst, oder Singen gehört einfach generell nicht zu deinen Lieblingsaktivitäten. Ganz egal ... Wir möchten dich von ganzem Herzen ermutigen, einfach zu singen! Just do it! Warum Singen mit deinem Kind so wertvoll ist, wollen wir uns im Folgenden genauer anschauen.

1. Du bereicherst die Sprachentwicklung deines Kindes!

Die Musik ist wie eine eigene Sprache. Viele Lieder sind gefüllt mit Worten, die wir in unserem Alltag kaum oder gar nicht nutzen. Hinzu kommt die Vielfalt der Melodien, die wir beim Singen erleben. Dies bereichert zum einen den Wortschatz deines Kindes, zum anderen wird aber auch die Mundmotorik durch die vielfältigen Laute unterstützt.

2. Du unterstützt das Hörbewusstsein deines Kindes!

Kinder hören schon ab der Mitte der Schwangerschaft alles mit, und ihr Gehör bildet sich weiter und weiter aus. Durch das Singen mit deinem Kind regst du das Hören und auch das genaue Hinhören an. Je nachdem, wie schnell oder langsam Lieder gesungen werden, wie die Betonung auf einzelnen Worten liegt, fällt dies leichter oder schwerer. So kannst du mit dem Singen das Hörbewusstsein deines Kindes auf einfache Weise unterstützen.

3. Sing, und du gibst Kulturgut weiter!

So unendliche viele Lieder sind ein riesengroßer Schatz, den schon unsere Eltern, Großeltern und Urgroßeltern sowie Generationen zuvor als Kinder kennengelernt haben. Dieses Gut haben sie an uns weitergegeben. Singst du mit deinem Kind, so kann es auch die Lieder irgendwann an die nächsten Generationen weitergeben.

4. Du unterstützt das Selbstbewusstsein deines Kindes!

Kinder haben beim Singen eine große Freude. Spaß und Begeisterung sind eine perfekte Ausgangssituation zum Lernen für unsere Kinder und deren Gehirn. Eventuell kennst du das auch von dir: Wenn du etwas gern machst, dann fällt es dir leicht, und wenn du merkst du kannst es, dann gibt dir das ein gutes Gefühl. Du stärkst dein Selbstbewusstsein! Und genauso ist das auch bei deinem Kind!

INSTRUMENTE

Spielst du oder jemand anders in der Familie selbst ein Instrument, dann ist das eine geniale Möglichkeit, deinem Kind einen Zugang zur Musik zu verschaffen, indem es von Anfang an in den Genuss von Livemusik kommt.

Zudem kannst du ein Körbchen mit einer Auswahl von wenigen Instrumenten für dein Kind bereitstellen, die immer zugänglich sind. Wird dein Kind älter, kann dieses Repertoire immer weiterwachsen. So kannst du beim gemeinsamen Singen auch die Instrumente mit einsetzen. Mögliche Instrumente wären:

- Triangel
- Rassel
- Trommel
- Klangstäbe
- Kastagnetten
- Glockenspiel

MUSIK HÖREN

Bietest du Musik zum Hören an, dann ist es für junge Kinder gut, wenn es zu Beginn nur ein Instrument ist, das es hört - so kann es dies isoliert wahrnehmen.

Optimal ist Livemusik, wie oben bereits angesprochen, aber uns ist bewusst, dass das nicht immer geht, und auch wir greifen in unserem Alltag auf »Toniebox«, CD-Player oder die Bluetooth-Box zurück. Du kannst deinem Kind ein Gerät zum Musikhören zur freien Verfügung bereitstellen und den Umgang damit von Anfang an begleiten. So hat es die Möglichkeit frei zu wählen, wann es selbst Musik hören möchte.

TANZEN

Beobachtet man junge Kinder, wenn Musik erklingt, kann man sehen, wie sie ihren Körper in Schwingungen versetzen. Musik löst spontane Bewegungen aus und regt dazu an, zu tanzen - ja, sogar vielmehr noch, dies mit Freude zu tun. Es ist natürlich, was die Kinder machen. Nur leider haben es viele Erwachsene verlernt, oder sie haben vielleicht auch einfach Angst, komisch angeschaut zu werden.

TIPP

Macht es wie die Kinder! Tanzt und habt einfach Spaß! Das bringt so viel Freude und Leichtigkeit in den Alltag.

#LEARNING

Es gab bei uns eine Zeit, da war es eine tägliche Herausforderung, den Übergang nach dem Abendessen ins Bad zu bewältigen. Irgendwann habe ich die Idee aufgeschnappt: »Mach doch Musik an und tanzt.« Das habe ich ausprobiert, und es war ein genialer Tipp, der viel Leichtigkeit und Freude in eine herausfordernde Situation gebracht hat. Meine Tochter wählte ein Lied, ich machte es richtig laut an, und wir tanzten ins Bad. Dort war die Musik dann wieder aus und der Fokus auf das »Badprogramm« gerichtet. Ein Beispiel, wie Musik und Tanz auch manchmal eine Methode sein können, um Leichtigkeit in den Alltag zu bringen.

BAUEN, ROLLENSPIELE & CO ODER FREIES SPIEL

Sehr oft erreichen uns Fragen, wie wir mit »klassischen Spielsachen« umgehen, ob unsere Kinder »solche« Spielsachen haben und was wir für zuhause empfehlen. Und das Thema »Zuhause« ist gerade hier ein wichtiger Punkt! Unsere Vision ist, dich und möglichst viele andere Eltern davon zu begeistern, Elemente der Montessori-Philosophie in ihr Zuhause zu integrieren, immer mit dem Blick auf das Kind! Für eine Montessori-Krippe oder einen Montessori-Kindergarten, ein sogenanntes »Kinderhaus«, gibt es klare Konzepte, was dort für die jeweiligen Altersstufe in der vorbereiteten Umgebung zu sein hat. Und das erwarten wir uns auch als Mamas von Kindern, die ein Kinderhaus besuchen, dass wir dieses Material dementsprechend dort vorfinden.

Hingegen haben manch andere »Spielmaterialien« aus unserer Perspektive den Platz im Zuhause und *nicht* in einer Montessori-Einrichtung. Unabhängig davon, ob dein Kind eine solche Einrichtung besucht oder nicht, laden wir dich ein, zu beobachten, welche Materialien und Spielsachen dein Kind in seiner Krippe oder seinem Kindergarten zur Verfügung hat, um dann im nächsten Schritt zu schauen, was für euer Zuhause eine gute Ergänzung bzw. Abwechslung für dein Kind wäre.

Stellst du ihm beispielsweise Bausteine, Tücher, Murmeln, Baumscheiben, Steine usw. zur Verfügung und lässt es damit frei agieren, hat es die Möglichkeit, seine Kreativität zu entfalten und für sich etwas Eigenes zu kreieren. Es kann sein, dass es bereits Bekanntes versucht nachzubauen oder aber auch etwas komplett Neues zu schaffen. Dein Kind bekommt den Freiraum, seine eigene Vorstellungskraft zu entwickeln.

In Rollenspielen, wie beispielsweise im Spiel mit Puppen oder einem Kaufladen, kann dein Kind ihm bekannte Situationen aus dem Alltag nachspielen und nachahmen. Es bietet die Möglichkeit für soziales Lernen, aber auch um gemachte Erfahrungen zu verarbeiten.

Puzzles und klassische Gesellschaftsspiele geben deinem Kind die Möglichkeit für kognitives Lernen, bieten aber auch ein Übungsfeld für das Einhalten von Regeln, das Üben von Geschicklichkeit und vieles mehr. Es hängt natürlich sehr vom jeweiligen Spiel ab, und wir könnten an dieser Stelle ins Uferlose abschweifen.

Wir stellen dir nun einige Möglichkeiten vor, die du so im Montessori-Entwicklungskonzept vermutlich nicht finden wirst, die jedoch aus unserer Perspektive und Erfahrung als Mamas Chancen für die Entwicklung deines Kindes in der häuslichen Umgebung bereithalten. An erster Stelle steht aber auch hier, wie bei allem anderen: Beobachte dein Kind!

LEGEN, BAUEN, KONSTRUIEREN

- Bausteine
- Kugelbahnen
- Tücher
- Naturmaterialien, wie Steine, Kastanien, Baumscheiben …

#LEARNING

Erst vor kurzem hat uns eine Mama berichtet, wie begeistert sie von ganz einfachen Holzbausteinen ist. Sie stellte zu Beginn nur zehn Bausteine in einem Körbchen für ihr Kind bereit. Das Kind war damit aktiv und probierte aus. Als sie irgendwann an den Punkt kamen, dass die Bausteine nicht mehr ausreichten, erweiterte sie das Repertoire. Es dauerte eine Weile, bis sie die Anzahl erneut erweiterte. Inzwischen haben sie ein großes Spektrum an vielfältigen Holzbausteinen, mit denen ihr Kind kreativ ist.

Wir möchten dir damit aufzeigen, welch große Chance es ist, mit wenig zu starten, dein Kind zu beobachten und dann, nach und nach, zu erweitern.

FAHRZEUGE

- Eisenbahn mit Schienen
- Fahrzeuge aller Art
- Autoteppich
- Parkhaus

ROLLENSPIEL

- Parkhaus
- Puppen und Zubehör
- Bauernhof
- Kaufladen
- Arztkoffer

#LEARNING

Eine Mama erzählte uns von der Situation, dass ihre Tochter gestürzt war und eine Platzwunde am Kopf hatte, die auch genäht werden musste. Einige Zeit nach dem Sturz nahm sich das Mädchen regelmäßig den Arztkoffer und spielte mit ihrer Puppe und den Kuscheltieren sehr detailreich die erlebten Situationen nach. Dieses Spiel half dem Mädchen, die erlebte Situation gut verarbeiten zu können.

PUZZLES UND SPIELE

- Verschiedene Puzzles, mit und ohne Rahmen
- Spiele wie Memory, Lotto, Quartett oder Uno; es gibt so viele tolle Spiele, die wir hier gar nicht alle aufzählen können.

Tipps für die Organisation von Spielsachen

- Ordne Gegenstände, die zusammengehören, in Boxen oder Körben. Das gibt deinem Kind Orientierung, und gerade das Aufräumen von vielen »losen« Teilen fällt so viel leichter.
- Gib den Spielmaterialien einen festen Platz, auch das schafft Ordnung.
- Überlege, wo es für dich okay ist, dass z. B. Gebautes auch mal stehen bleibt. Oder wird es zu einem festen Zeitpunkt immer wieder aufgeräumt? Besprich das mit deinem Kind! Manchmal hilft ein Teppich oder eine Matte zur Orientierung, dort können z. B. Sachen stehenbleiben, aber darum herum wird aufgeräumt.
- Überlege dir, bevor du Spielmaterialien anschaffst, was für dein Kind gut passen würde und was vielleicht auch eine gute Serie, Produktreihe oder ein gutes »System« wäre, das man ggf. kombinieren könnte. So kannst du dann auch immer wieder erweitern oder ergänzen, und dein Kind hat langfristig etwas von den Spielsachen.
- Tauchst du mit deinem Kind in ein Spiel ein, überlasse ihm die »Führung«. Dieser Rollentausch ist für Kinder oft eine großartige Erfahrung, und du gibst dadurch nichts vor, sondern lässt ihren Ideen mehr Raum.

Es gibt heutzutage großartige, wunderschöne und pädagogisch äußerst wertvolle Spielsachen für zuhause. Das Angebot ist riesig und beinahe überfordernd. Wir beide lieben es, die Neuheiten auf dem Markt unter die Lupe zu nehmen und genau zu prüfen. Damit du allerdings nicht auch unzählige Stunden mit Recherche, Suchen und Vergleichen verbringen musst, haben wir auch an dieser Stelle eine Liste mit unseren Herzensempfehlungen für dich zusammengestellt, die du im Zusatzmaterial zum Buch findest. Diese ist als Auswahl- und Entscheidungshilfe gedacht. Es handelt sich um Optionen! Natürlich brauchst du das nicht alles in deinem Zuhause. Du weißt ja, weniger ist mehr, und schau auf dein Kind und seine Interessen!

MATHEMATIK

Mathe?! Echt jetzt?! Ist das ein Buch für Schulkinder? Nein! Natürlich nicht. Im Montessori-Entwicklungskonzept für die drei- bis sechsjährigen Kinder ist der Bereich der Mathematik ein fester Bestandteil. Warum das so ist? Nun, Kinder in diesem Alter haben ein unglaubliches Interesse für Zahlen, Mengen etc. Maria Montessori konzipierte ein komplettes Curriculum von Materialien, die aufeinander aufbauen und Kinder in diesem Alter Ziffern, Mengen oder das Dezimalsystem erfassen lassen, vor allem auch sinnlich. Diese findest du in einem Montessori-Kinderhaus vor.

Für dein Zuhause ist es vermutlich kaum möglich und auch nicht nötig, all diese Materialien anzuschaffen. Uns ist es jedoch wichtig, dich dafür zu sensibilisieren, welche einfachen Möglichkeiten es gibt, deinem Kind im Alltag Antworten auf ihr mathematisches Interesse zu geben sowie Mathematik easy zu integrieren. Denn der Absorbierende Geist wirkt, und es ist genial, wenn dein Kind diese Chance nutzen kann.

ZÄHLEN UND ZAHLEN

Zählen kannst du an unterschiedlichsten Stellen in euren Alltag einbauen, egal ob beim Treppensteigen, beim Einkaufen, beim Essen oder beim Spielen. Hat dein Kind gerade Freude am Zählen, lass es zu und unterstütze es. Interessiert dein Kind sich zudem für Zahlen, benenne diese. Hier kannst du beispielsweise auch ein kleines Spiel selbst kreieren, indem du die Zahlen von null bis zehn auf Karten schreibst und dann die jeweilige Menge von gleichen Gegenständen wie Muggelsteinen, Muscheln, Steinen o. Ä. den Zahlen zuordnest. So hat dein Kind die Möglichkeit, die Zahl in Kombination mit der Menge zu sehen und vor allem auch die Menge in seiner Hand zu spüren.

WIEGEN, MESSEN UND VERGLEICHEN

Egal ob beim Kochen oder Backen, hier gibt es eine Vielzahl von Gelegenheiten, um Lebensmittel mit einer Waage abzumessen, einen Messbecher zu benutzen oder auch andere Maßeinheiten kennenzulernen. Ebenso bietet sich auch hier die Möglichkeit zum Vergleichen: Was ist schwerer, was ist leichter? Nutzt du im Alltag beispielsweise einen Zollstock oder ein Lineal, zeig deinem Kind auch hier, welche Optionen es für das Messen gibt. Aber bitte nicht aus der Luft gegriffen und losgelöst, sondern wenn der Alltag es gerade anbietet bzw. dein Kind Interesse daran zeigt.

SORTIEREN

Gleiche Gegenstände zu sortieren und zuzuordnen – das kannst du sehr einfach in den Alltag integrieren, z. B. indem dein Kind den Besteckkorb des Geschirrspülers leert. Oder ihr schaut euch mal die Bausteine genau an: Welche sind gleich, welche Formen gibt es? Kuben (Würfel), Quader, Zylinder?

RAUM UND LAGE

Zur Erfassung von Raum und Lage haben wir dir ja schon an anderer Stelle erzählt, dass du das bereits ab den ersten Lebenstagen unterstützen kannst, indem du dein Kind auf dem Boden ablegst, damit es sich bewegen kann. Später hilft es ihm aber auch, wenn es die Möglichkeit hat, Gegenstände zu tragen, sie wieder abzustellen und dabei auch die Erfahrung von unterschiedlichem Gewicht zu machen.

HANDLUNGSABLÄUFE

Erfährt dein Kind Struktur im Tagesablauf, aber auch immer wieder gleiche Abläufe bei Handlungen, wie beispielsweise beim Anziehen, dann schafft dies eine hervorragende Lernmöglichkeit. Zum einen, um komplexe Handlungen selbst auszuführen, zum anderen aber auch, um eigene Strategien für Handlungen auszuprobieren und flexibel anwenden zu können.

RICHTIG BENENNEN

Sprache ist überall, und auch die Mathematik besteht - neben Zahlen natürlich - aus Sprache. Wir möchten dich ermutigen, deinem Kind von Anfang an die richtigen Begrifflichkeiten zu geben, beispielsweise bei den geometrischen Flächen. Denk dran, dein Kind verfügt über den Absorbierenden Geist, und es ist eine immense Lernchance, gleich von Anfang an zu wissen, was ein Quadrat oder ein Rechteck ist.

DIE WELT ENTDECKEN

Die meisten der bereits genannten Aktivitäten beziehen sich auf das Zuhause deines Kindes und finden auch zu großen Teilen dort statt. In diesem Kapitel möchten wir den Radius noch etwas vergrößern und schauen, welche Möglichkeiten dein Kind hat, die Welt um euer Zuhause herum zu entdecken und zu erfahren. Maria Montessori spricht von dem Ziel, dass die Kinder »Kinder ihrer Zeit, ihres Ortes und ihres Raumes« werden sollen.

ÜBUNG

An dieser Stelle laden wir dich ein, dir folgende Fragen zu stellen:

- Was möchtest du deinem Kind von der Welt zeigen?
- Was soll dein Kind über euer Zuhause hinweg erleben und erfahren?

Schreib dir das auch gern auf und erstelle eine Bucket List für dich als Mama oder Papa!

Dazu ist es uns wichtig zu sagen, dass es nicht darum geht, deinem Kind etwas überzustülpen, sondern immer zu schauen, was es gern macht, was ihm Freude bereitet, wo sein Interesse hingeht.

Gleichzeitig kann ein Kind nur aus dem Wählen, was es kennt! Im Montessori-Konzept wird oft von der sogenannten »wissenden Wahl« gesprochen. Das heißt, damit dein Kind wählen kann, muss es zuerst kennenlernen und wissen, was zur Wahl steht. Dafür bist du als Mama oder Papa verantwortlich. Sei ein Filter! Schau dir die Antworten deiner Fragen an und überlege dann, wie du was davon in den Alltag mit deinem Kind integrieren kannst.

Du kannst dir hier die Fragen einfach als PDF downloaden und für dich ausfüllen.

NAHE UMGEBUNG ERKUNDEN – SICH ORIENTIEREN

So, wie dein Kind krabbelnd und dann laufend die Wohnung entdeckt hat, so erforscht es auch seine Umgebung um das Zuhause herum. Schau hier gern noch einmal zum Thema Bewegung und Spazierengehen in das Kapitel »Bewegung«. Kennt dein Kind sich aus, gibt ihm das Sicherheit und das Vertrauen in sich und die Welt um sich herum. Nutze diese Umgebungserkundungen auch für Wortschatz und Sprache. Benenne beispielsweise die Straßen, Brücken, Tore, Berge, Flüsse, usw. mit den richtigen Namen!

AUSFLÜGE UND REISEN

Ausflüge und Reisen erweitern den Horizont deines Kindes und lassen es mehr von der Welt erfahren. Wohin es geht, das entscheidest du als Mama oder Papa. Schau auch hier gern noch einmal zu deinen Antworten weiter oben.

Ideen für Ausflüge mit deinem Kind

- Spaziergänge an einem anderen Ort: Je nachdem, wo ihr lebt, kann das sein, dass ihr von der Stadt raus aufs Land fahrt und durch den Wald und über die Felder spaziert, oder ihr lebt auf dem Land und fahrt mal bewusst in die Stadt und entdeckt, was es dort alles zu sehen gibt.
- Besuch im Tierpark
- Besichtigung von Sehenswürdigkeiten wie Burgruinen, Aussichtstürmen, Kirchen, Denkmälern etc.
- Museumsbesuch: Es gibt auch eine Reihe von Museen für Kinder bzw. Museen, die spezielle Bereiche für Kinder haben.
- Museumsbesuch: Es gibt auch eine Reihe von Museen für Kinder bzw. Museen, die spezielle Bereiche für Kinder haben.

TIPP

Spaziert zu jeder Jahreszeit in einem Laubwald umher und nehmt bewusst die Veränderung der Natur wahr, verbunden mit einem kleinen Picknick! Im Winter mit warmem Tee und im Sommer mit einem erfrischenden Getränk. Das ist so einfach, bietet unglaublich viele Lernerfahrungen und schafft wundervolle Beziehungsmomente und Erinnerungen!

Tipps für das Unterwegssein und Reisen mit Kindern:

- **Bereite dein Kind vor:** Je nach Alter ist eine andere Art der Vorbereitung nötig und möglich. Gerade für Kinder, die in der Sensiblen Phase für Ordnung stecken, ist es ganz wichtig, dass Abläufe und Strukturen eingehalten werden. Ein Ausflug ist zu dieser Zeit oft etwas Besonderes, etwas anderes, und kann dein Kind auch durcheinanderbringen. Deshalb ist es gerade dann umso wichtiger, kleine Exkursionen so zu gestalten, dass möglichst viele Abläufe gleichbleiben bzw. du dir gut überlegst, wie du damit umgehst, damit die Struktur im Gesamten immer gleichbleibt.
- **Beziehe dein Kind mit ein:** Egal, ob es darum geht, den Rucksack mit Trinkflasche und Brotzeit zu packen oder den Koffer für die Reise – mach es gemeinsam mit deinem Kind. So wird daraus etwas ganz Normales. Darüber hinaus gewinnt dein Kind auch in diesem Bereich mehr und mehr an Selbstständigkeit und weiß, was es unterwegs braucht.
- Mit älteren Kindern ist es auch eine wunderbare Gelegenheit, das Thema des Ausflugs oder der Reise zu nutzen, um sich mit weiterführenden Themen zu beschäftigen. Das kann sein, dass ihr zum ersten Mal mit dem Zug oder dem Flugzeug verreist. Hol dir dazu Lesematerial, schau es gemeinsam mit deinem Kind an. Es gibt unzählige tolle Bücher zum Thema »Unterwegssein und Reisen«, in denen es so viel zu entdecken gibt! Zudem wird dort vieles erklärt. Auch für uns Eltern ist dies eine gute Vorbereitung, um dann vor Ort die Dinge und Abläufe richtig benennen zu können.

- **Nehmt Bekanntes mit**: Hier würden wir sagen, je jünger das Kind, desto wichtiger ist dieser Punkt. Gerade junge Kinder unterstützt es dabei, sich in einer neuen, fremden Umgebung bekannte Bezugspunkte wiederzufinden und sich so schnell sicher zu fühlen. Aber auch älteren Kindern hilft es, wenn sie was »von sich« dabeihaben und zwischendurch mit bekanntem Spielmaterial, Büchern oder ähnlichem »auftanken« können.
- **Unterschiedliche Bedürfnisse berücksichtigen**: Wichtig ist beim Unterwegssein, die Bedürfnisse *aller* Familienmitglieder im Blick zu haben. Je nachdem, wie eure Reisen und euer Unterwegssein aussehen, ist es wichtig, schon im Vorfeld zu überlegen, wer von euch welchen Fokus hat und wie ein guter Ausgleich stattfinden kann. Das könnte sein, dass du dir bei einer Städtereise, bei der es dir wichtig ist, viele Sachen anzuschauen, überlegst, wo in dieser Stadt Spielplätze sind, damit du zwischendurch deinem Kind eine Bewegungspause ermöglichen kannst. Oder du wählst bewusst eine sehr zentrale Unterkunft, um zwischendurch immer wieder dorthin gehen zu können, Ruhe zu haben, aufzutanken, zu spielen, zu verarbeiten, um dann wieder bereit zu sein für neue Entdeckungen.

EXPERIMENTIEREN, ERFORSCHEN, ENTDECKEN

Neben dem tatsächlichen Unterwegssein möchten wir in diesem Kapitel noch das Interesse für unterschiedliche Themen aufgreifen. Kinder wollen die Welt entdecken und erfahren. Ihr Interesse ist unglaublich vielfältig, und manchmal deckt es sich auch nicht unbedingt mit dem, was wir selbst spannend finden. Meist zeigen uns unsere Kinder im Alltag durch ihre Warum-Fragen, was ihre Themen sind, und wollen immer mehr dazu wissen.

Merkst du, dass dein Kind sich für ein Gebiet besonders interessiert, greif es unbedingt auf! Nutz diese Lernchance und das Interesse deines Kindes. Geht auf Forschungsreise! Bücher gibt es wirklich zu allen erdenklichen Themen. Das ist immer ein gutes Medium, um sich intensiver mit einer bestimmten Sache zu beschäftigen. Das machst du ja selbst gerade nicht anders. Aber vielleicht kannst du zu dem ein oder anderen Thema mit deinem Kind auf Entdeckungsreise gehen: Eventuell gibt es einen Imker in der

Nähe, wenn dein Kind sich gerade sehr für Bienen interessiert. Oder eine Sternwarte? Oder einen Tierpark? Oder einen Tag der offenen Tür bei der Feuerwehr? Oder, oder, oder? Dies sind mögliche Themen, die Kinder in der ersten Entwicklungsstufe interessieren könnten:

- Tiere
- Urzeitliche Tiere wie Dinosaurier oder Ammoniten
- Pflanzen
- Körper und Körperfunktionen wie z. B. die Verdauung
- Naturphänomene (Tag/Nacht, Wetter, Vulkane, Erdbeben …)
- Technik
- Fahrzeuge
- Geografie und Kontinente
- Universum
- Berufe
- Uhr/Zeit
- Bauernhof
- Verkehr
- Ritter/Ritterburgen
- Tod/Trauer
- Instrumente

Ganz wichtig, und das können wir gar nicht oft genug schreiben: Schau auf **DEIN KIND**!

MONTESSORI ZUHAUSE – DER ALLTAG

Nachdem du in den letzten beiden Kapiteln einen umfassenden Überblick bekommen hast, wie du dein Zuhause nach den Prinzipien der Montessori-Philosophie kindgerecht gestalten kannst und welche Aktivitäten und Spielmaterialien für dein Kind sinnvoll sein könnten, geht es jetzt um das Miteinander!

Maria Montessori spricht an vielen Stellen von der »Rolle des Pädagogen« oder der »Rolle des Lehrers«. Für unsere Rolle als Eltern haben wir aber wenige Anhaltspunkte aus der Theorie. Maria Montessori hat uns so viele theoretische Ideen hinterlassen, jedoch wie ein praktischer Familienalltag aussieht, das können wir Ihren Schriften nicht entnehmen. Es ist somit unsere Aufgabe, dies selbst aus den Erkenntnissen Maria Montessoris zu ziehen. Wir sehen uns als Übersetzerinnen der Montessori-Philosophie in die heutige Zeit und lassen dich an unserem Wissen und unseren Erfahrungen teilhaben. Unser Wunsch ist es, dass du für dich das mitnimmst, was für *dich* und *deine* Familie stimmig ist. Unser Motto heißt deshalb auch *Make it yOur Montessori Way!*

Mal ehrlich, der Alltag ohne Kinder, also, bevor du Mama oder Papa geworden bist, war schon ziemlich gechillt, oder? Nur für sich selbst verantwortlich zu sein, frei entscheiden zu können, was man wann wie macht, nach der Arbeit einfach die Füße hochzulegen und für nichts und niemanden da sein zu müssen - das war wie eine andere Lebensform.

Mit dem Moment der Familiengründung ändert sich der Alltag sehr, da du jetzt nicht nur für dich, sondern auch noch für einen oder mehrere weitere Menschen die Verantwortung trägst. Und natürlich ist es etwas wunderbar Schönes: das gemeinsame Wachsen und Lernen, die tausend einzigartigen Momente, die wir mit unseren Kindern erleben dürfen, die uns unbeschreibliche Glücksgefühle bereiten und unser Herz immer wieder hüpfen lassen, wenn wir daran denken.

Gleichzeitig begegnen uns unendlich viele Herausforderungen, die wir tagtäglich meistern dürfen und mit denen wir so gar nicht gerechnet haben. Da wir selbst beide Mamas sind, können wir dir sagen, dass wir wissen, was es heißt, den Alltag mit jungen Kindern zu bewältigen. Auch wir erleben Momente, in denen wir am liebsten schreiend davonlaufen oder im Erdboden verschwinden würden und uns fragen, warum uns das Leben gerade diese Aufgabe schickt.

Wir möchten mit diesem Buch einen Teil dazu beitragen, solche herausfordernden Situationen bei dir weniger werden zu lassen. An vielen Stellen geht es einfach um ein Sich-bewusst-Machen, und manchmal sind es kleine »Stellschrauben«, die so vieles bewirken können.

In diesem Kapitel wollen wir mit dir Ideen und Impulse teilen, die Struktur, Ruhe, Leichtigkeit und vor allem Freude in deinen Familienalltag bringen können.

VERANTWORTLICHKEITEN UND BEDÜRFNISSE

Einen Familienalltag zu gestalten, ist manchmal wie ein kleines Unternehmen zu führen. Es ist sehr empfehlenswert, sich als Eltern bewusst Zeit zu nehmen und zu überlegen: *Wer* ist bei uns *wofür* verantwortlich? Ist dies klar aufgeteilt und wird kommuniziert, was zur jeweiligen Verantwortlichkeit gehört, bringt das Entspannung in den Alltag, da ihr nicht jeden Tag aufs Neue über »Kleinigkeiten« diskutieren müsst. Und auch für euer Kind herrscht Klarheit, wodurch es wiederum Sicherheit erfährt.

Wichtig: Die Verantwortlichkeiten werden zwischen dir und deinem Partner als Eltern aufgeteilt, junge Kinder können sich beteiligen, wenn sie wollen, übernehmen aber noch keine Verantwortung! Je älter sie werden, desto mehr Verantwortung können sie Stück für Stück übernehmen.

Damit du gar nicht erst lange überlegen musst, welche Verantwortlichkeiten es in einem Familienalltag geben könnte, haben wir für dich im Bereich des Zusatzmaterials ein Arbeitsblatt mit möglichen Zuständigkeitsbereichen erstellt!

Bei der Gestaltung des Familienalltags ist es wichtig, die Bedürfnisse *aller* Familienmitglieder im Blick zu haben und sich darüber auszutauschen.

Vieles ist hier auch individuell und Typsache. Wenn du selbst sehr organisiert bist, viel Struktur brauchst, dann wirst du dies vermutlich auch in deiner Elternrolle mehr leben als jemand, der eher spontan agiert. Deshalb gilt es für dich und deinen Partner, im ersten Schritt einmal herauszufinden: Welcher Typ bist du? Welcher Typ ist dein Partner?

Im zweiten Schritt geht es darum, euer Kind zu beobachten und zu schauen: Was braucht es?

WOCHENPLAN/KALENDER

Wie bereits mehrfach angesprochen, geht es bei jungen Kindern darum, dass sie sich an ihre Umgebung anpassen. Für diesen Adaptionsprozess sind sie mit den Kräften der Sensiblen Phasen, des Absorbierenden Geistes und der Humanen Tendenzen ausgestattet. Gerade jungen Kindern geben Ordnung, Orientierung und Struktur im Alltag Halt und Sicherheit.

Ein Wochenplan oder Kalender ist hierzu eine gute Option, um deinem Kind Orientierung im Familienalltag zu ermöglichen. Besprecht gemeinsam, was ihr wann macht. Mit einem Wochenplan kannst du dies wunderbar visualisieren. So schaffst du für dein Kind eine gute Möglichkeit für Orientierung und Sicherheit im Alltag: Dein Kind weiß, was kommt, es kann sich vorbereiten und natürlich auch freuen auf das, was kommt. Vorfreude ist bekanntlich die schönste Freude!

Zudem hat dein Kind hier die Möglichkeit, unfassbar viel zu lernen. Es hört immer wieder die Namen der Wochentage, ihr könnt besprechen, welcher Tag heute ist, welcher Monat oder welche Jahreszeit. Es ergeben sich so vielfältige Sprachanlässe.

Besucht dein Kind eine Krippe oder einen Kindergarten, sieht es, an welchen Tagen es dort und an welchen es zuhause ist. Du kannst mögliche »Termine« deines Kindes mit aufgreifen oder auch, von wem es abgeholt wird, wenn das in eurem Alltag ein Thema ist. Zudem bietet ein Wochenplan oder Kalender die Option, dein Kind in bestimmte Entscheidungen miteinzubeziehen. Dazu kommen wir aber später noch genauer.

ZEIT ZUM SPIELEN UND FESTE TERMINE

Turnen, Musikalische Früherziehung, Tanzen, Schwimmen, Klettern … Es gibt inzwischen unzählige Angebote für Kinder, was an sich ja sehr schön ist. Gleichzeitig ist es aber genauso schön, für sich zu sein, zu spielen und sich draußen zu bewegen, *ohne* Input von außen.

Es geht uns hier keinesfalls um ein Entweder/Oder, sondern gern um ein Sowohl-als-auch. Wichtig ist uns, dass du auf dein Kind schaust und darauf, was für dich im Alltag mit Freude und Leichtigkeit machbar ist.

ÜBUNG

Wir möchten dich einladen, dir ein paar Fragen zu stellen, um herauszufinden, ob dein Kind ein »festes Angebot« braucht und was für *dein* Kind passen könnte?

- Geht dein Kind in eine Einrichtung (Krippe/Kindergarten)?
- Wenn ja, wie lange ist es in der »Fremdbetreuung«?
- Welche Aktionen und Angebote gibt es in der Einrichtung?
- Wie geht es deinem Kind, wenn du es abholst? Braucht es eher Zeit mit dir allein oder weiteren Input?
- Ist dein Kind zuhause?
- Möchtest du deinem Kind Kontakt zu anderen Kindern ermöglichen?
- Möchtest du als Elternteil in Kontakt mit anderen Eltern kommen?
- Was würde *dein* Kind interessieren?
- Wie lange sind die Fahrtwege zu möglichen Angeboten? Ist das für dich im Alltag mit Leichtigkeit umzusetzen, oder artet es in Stress aus?

Wir hoffen, dass dir diese Fragen helfen können, eine Art Entscheidungshilfe zu sein, was für euren Alltag stimmig ist.

Du kannst dir hier die Fragen einfach als PDF downloaden und für dich ausfüllen!

ZEIT MITEINANDER

Die Zeit als Familie miteinander kannst du sehr vielfältig verbringen.

- Zeit, in der jeder für sich ist
- Zeit, die alle Familienmitglieder gemeinsam verbringen
- Zeit, die einzelne Familienmitglieder gemeinsam verbringen

Jede Familie ist ein Zusammenschluss von Individuen. Vermutlich ist das Wichtigste, dass jeder seinen Platz hat und in seinen Bedürfnissen und Wünschen gesehen wird. Um mit deinem Kind im Austausch zu sein und zu wissen, was es wirklich beschäftigt, ist ein Impuls von uns an dich, einen täglichen Moment hierfür zu schaffen. Das muss gar nicht lange sein - einfach ein Augenblick, in dem es Raum für folgenden Fragen bzw. Antworten geben kann:

- Wie war dein Tag?
- Was hast du heute erlebt?
- Was hat dich heute glücklich gemacht?
- Wie fühlst du dich?
- Was beschäftigt dich?
- Wofür bist du dankbar?

Auch hier ist es wieder wichtig, *dein* Kind zu sehen. Schau, wann so eine kleine gemeinsame Reflexion bei euch gut in den Tagesablauf passen könnte, und beachte bitte unbedingt auch das Alter und den Entwicklungsstand deines Kindes. Bei einem einjährigen Kind könntest eventuell auch du zu einem bestimmten Moment, z. B. vor dem Schlafengehen, noch einmal den Tag Revue passieren lassen und ein bis drei Situationen nennen, für die du dankbar bist oder die dich glücklich gemacht haben. Je älter und sprachlich gewandter Kinder sind, desto mehr können sie sich selbst einbringen.

Von dieser Übung profitierst sowohl du als auch dein Kind! Es werden Glückshormone in euren Gehirnen freigesetzt, die dazu führen, dass ihr entspannter, glücklicher und gesünder seid. Ihr richtet euch auf diese Weise positiv aus. Das Fantastische daran ist, dass, wenn dein Kind solche Routinen von Anfang an erlebt und als selbstverständlich etabliert, es für sich ein unfassbar wertvolles Tool zum Aufbau von Resilienz und dem Erhalt seiner emotionalen Gesundheit für seinen Lebensweg erhält.

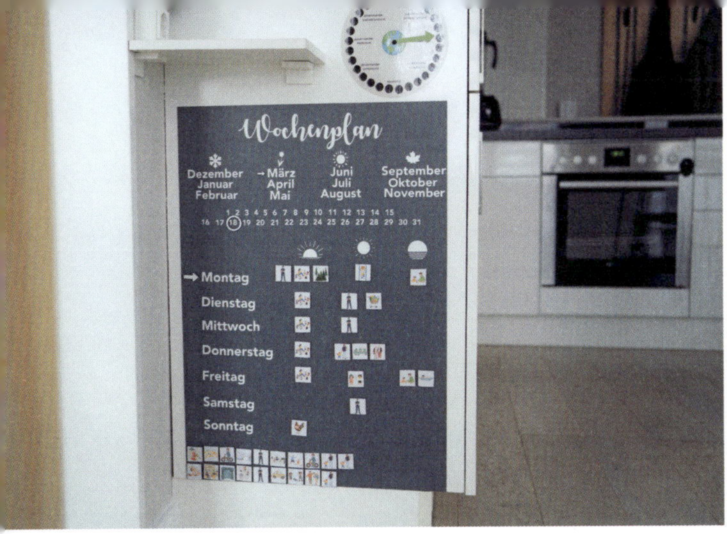
Wochenplan
Dezember
Januar
Februar
März
April
Mai
Juni
Juli
August
September
Oktober
November
Montag
Dienstag
Mittwoch
Donnerstag
Freitag
Samstag
Sonntag

Heute

Montag
Dienstag
Mittwoch
Donnerstag
Freitag
Samstag
Sonntag

Montag
Dienstag
Mittwoch
Donnerstag
Freitag
Samstag
Sonntag

DER MORGEN: VOM AUFSTEHEN BIS ZUR ARBEIT

Fragen wir Eltern, was die herausforderndsten Zeiten des Tages mit ihren Kindern sind, erhalten wir meist als Antworten »der Morgen« und »das Ins-Bett-Bringen«. Deshalb wollen wir uns eine der beiden Situationen mal mit dir gemeinsam anschauen!

Der Morgen ist in vielen Familien geprägt von Zeitdruck. Und oft entsteht so erst recht Gegendruck. Das heißt, der Druck muss raus! Und ja, wir können uns vorstellen, dass jetzt kommt: »Aber ich muss pünktlich bei der Arbeit sein!« Oder auch: »Die Bringzeit in der Krippe bzw. im Kindergarten endet um eine bestimmte, feste Uhrzeit!« Ja, es gibt viele Mamas und Papas, die einen festgelegten Arbeitsbeginn haben und zu einer bestimmten Uhrzeit an einem bestimmten Ort sein müssen. Vielleicht gehörst auch du dazu.

Wir laden dich ein, deinen Morgen einmal Step-by-Step zu analysieren und zu schauen, wie der Ist-Zustand aussieht und was für dich zu tun wäre, damit der Morgen mehr Leichtigkeit mit sich bringt.

ÜBUNG

Am besten machst du dir ein paar Notizen zu folgenden Fragen:

- Was *muss* am Morgen geschehen und was kannst du - allein oder auch mit deinem Kind - am Abend zuvor noch vorbereiten?
- Wie ist euer aktueller Ablauf? Schreibe ihn auf. Es ist banal. Wir wissen das, aber wenn du das einmal zu Papier bringst und siehst, kannst du aus einer anderen Perspektive darauf schauen.
- Wie sieht der perfekte Morgen für dich aus? Schreib auch das auf. Und dann schau dir an, was dafür zu tun ist.

Du kannst dir hier die Fragen einfach als PDF downloaden und für dich ausfüllen!

#LEARNING

Ich bin absolut kein Morgenmensch und zähle zu denjenigen, die die Snooze-Taste des Weckers bis aufs Äußerste ausreizen. Da mir dies ebenso bewusst ist wie die Tatsache, dass meine beiden Kinder mich mit ihren unterschiedlichen Bedürfnissen morgens absolut präsent und aufmerksam brauchen, ist in unserem Alltag die abendliche Vorbereitung für den nächsten Morgen das A und O.

Ehrlich gesagt war das Annehmen und Akzeptieren, dass diese Vorbereitungen nötig sind, damit es nicht in Stress für mich ausartet, ein herausfordernder Prozess! Nach einigem Ausprobieren läuft es nun so, dass ich mit den Kindern gemeinsam den Tisch vom Abendessen abräume, wir die Küche aufräumen und gemeinsam den Tisch für das Frühstück aufdecken. Dabei decken wir alles auf, was möglich ist. Lediglich Lebensmittel, die im Kühlschrank aufbewahrt werden müssen, hole ich, wenn wir morgens gemeinsam am Frühstückstisch ankommen, noch an den Tisch. Ich koche sogar den Tee für unser Frühstück bereits abends vor und fülle ihn in eine Thermoskanne, die auch gleich auf den Tisch gestellt wird.

Die Brotzeitdosen befüllen wir noch während des Abendessens oder gleich im Anschluss daran, je nachdem, was es abends zu essen gibt. Mein Schulmädchen richtet sich ihre Brotzeit selbstständig her, mein Kindergartenkind unterstütze ich dabei noch. Sind die Dosen fertig, kommen sie in den Kühlschrank. Die Trinkflaschen werden befüllt und werden in die Schultasche oder den Rucksack gesteckt, die schon im Flur stehen.

Auch unsere Kleidung für den nächsten Tag legen wir am Abend bereits raus. Da schauen wir, wie das Wetter am kommenden Tag wird, besprechen, welche Kleidungsstücke geeignet sind und bringen den Stapel ins Badezimmer, wo wir uns morgens anziehen. Besonders wichtig ist es bei uns auch, die Haargummis und -spangen auszusuchen und die Frisur festzulegen, da dies schon mal einige Zeit in Anspruch nehmen kann.

Es ist für alle Familienmitglieder klar, dass es morgens dann keine Diskussionen mehr gibt. Ist eine Auswahl getroffen, so ist sie für diesen einen Tag fix. Am nächsten Tag können wir wieder neue Entscheidungen treffen und anderes auswählen. Darüber diskutiere ich nicht und vertrete dies meinen Kindern gegenüber mit absoluter Klarheit.

Ich fand das anfangs alles ziemlich crazy, auch beinahe übertrieben. Aber nur so funktioniert es morgens für mich mit meinen beiden Kids. Nur so kann ich für sie da sein und sie begleiten, wo sie es brauchen. Und nur auf diese Weise meistere ich auch Herausforderungen und Geschwisterstreitereien souverän mit ihnen. Diese Vorbereitungen ermöglichen mir einen einigermaßen entspannten Morgen. So schone ich meine Ressourcen und komme nicht bereits völlig fertig und genervt am Arbeitsplatz an. Und am Wochenende und in den Ferien ... da darf es dann unvorbereitet und spontan ablaufen!

DEN ALLTAG MIT KIND ENTSPANNT GESTALTEN

RITUALE UND GEWOHNHEITEN

Rituale und Gewohnheiten zu etablieren ist wohl einer der gewinnbringendsten Faktoren für einen entspannten Alltag mit deinem Kind. Wichtig ist, dass du dir nicht zu viel auf einmal vornimmst. Gehe Veränderungen Schritt für Schritt an. Etabliere »Gewohnheiten«, denn dies sind automatisierte Abläufe, über die du nicht mehr nachdenken musst. Wir empfehlen dir, eine neue Gewohnheit nach der nächsten zu etablieren. Denn artet dieser Prozess für dich in Stress aus, so dass du nach drei Tagen alles wieder über Bord wirfst, hilft dir das auch nicht weiter.

KLARHEIT UND VERLÄSSLICHKEIT

Bist du klar und kann sich dein Kind auf dich verlassen, spürt es das und fühlt sich sicher. Agierst du hingegen mal so, dann mal so, und beim nächsten Mal wieder anders, weiß dein Kind nicht, woran es ist. Es muss dann jedes Mal aufs Neue testen und ausprobieren, wo du denn gerade eigentlich stehst. Das bedeutet für dich, immer wieder zu schauen, dass du klar bist und dann mit deinem Kind in dieser Klarheit kommunizierst. Das heißt nicht, dass es überhaupt keine Ausnahmen geben kann. Das musst du einfach ausprobieren. Du kannst schauen, wie oder ob dein Kind mit Ausnahmen umgehen kann oder ob es für es wichtiger ist, die volle Klarheit zu haben.

ZUSAMMENARBEIT UND HILFESTELLUNG

Du willst, dass dein Kind kooperiert, dann gib ihm auch die nötige Hilfestellung! Es hat möglicherweise noch kein Verständnis von Zeit und kann Zeiträume noch nicht einschätzen. Dies entwickelt sich erst nach und nach. Du kannst dein Kind aber im Alltag einbeziehen und so dabei unterstützen, ein Verständnis von Zeit zu entwickeln.

MERKE

Du bist der Erwachsene, du hast die Verantwortung und du übernimmst die Führung!

Ja, natürlich wünschen wir uns, dass unsere Kinder selbstständig sind. Vielleicht können sie das in bestimmten Situationen oder Bereichen auch schon sein. So kann sich beispielsweise dein Kind eventuell bereits komplett allein an- und ausziehen - allerdings in seinem Tempo. In manchen Alltagssituationen, gerade, wenn Zeitdruck herrscht, kannst du ihm allerdings (noch) nicht die Möglichkeit dazu geben dies auch zu tun, da das Tempo deines Kindes dazu führen würde, dass du zu spät zu einem Termin oder zur Arbeit kommst.

Wie könntest du dieses »Dilemma« konkret lösen? Nun, eine Möglichkeit wäre es, deinem Kind zu sagen: »Ich weiß, dass du dich ganz allein anziehen kannst, doch jetzt übernehme ich das für dich.« Oder du bietest deinem Kind eine kooperative Zusammenarbeit an: »Welches Kleidungsstück möchtest du allein anziehen? Die anderen übernehme heute ich für dich.«

EINBEZIEHEN IN ENTSCHEIDUNGEN

Es ist uns ein großes Anliegen, das Thema »Entscheidungen« noch einmal explizit anzusprechen. Wir erleben diesbezüglich immer wieder zwei »Extreme«: zum einen Eltern, die für ihr Kind einfach alles entscheiden, da sie keinesfalls wollen, dass es ihnen »auf der Nase herumtanzt«. Zum anderen Eltern, die ihre Kinder alles (mit)entscheiden lassen, aus Angst davor, sie zu enttäuschen, wenn sie die Wahl treffen oder ein Nein verlauten lassen.

Wir wollen ein paar Tipps mit dir teilen, die uns und auch bereits vielen anderen Eltern aus unseren Coachings geholfen haben, ihr Kind zu sehen *und* gleichzeitig in einer liebevollen, elterlichen Führung, mit einer respektvollen Haltung dem Kind gegenüber, zu agieren:

- Überlege dir, welche Entscheidungen es in eurem Alltag gibt, die dein Kind ganz selbstverständlich treffen kann, wie beispielsweise, welche Kleidung es wählen möchte, was es essen oder spielen möchte.
- Achte bei der Auswahl der Entscheidungsmöglichkeiten auf das Entwicklungsalter deines Kindes. Beginne mit *zwei* wählbaren Optionen. Das ist für ein junges Kind völlig ausreichend. Nach und nach können es mit zunehmendem Entwicklungsstand mehr Optionen werden.
- Lass dein Kind nur entscheiden, wenn *du* mit der Entscheidung klarkommst und es dir danach *nicht* doch anders überlegst. Dann lass es lieber!
- Sei dir bewusst, dass die Verantwortung immer bei dir liegt und nur du die Folgen absehen kannst. Besonders beim Thema Sicherheit und Gesundheit solltest du dir das ganz besonders vor Augen führen. Es gibt Situationen, die ein Kind nicht einschätzen oder absehen kann.
- Bleibe bei der Begleitung deines Kindes authentisch, wenn du Entscheidungen triffst, die ihm nicht gefallen werden.

MERKE
Entscheide du das *Was* und lass deinem Kind das *Wie* entscheiden!

FÜR SICH SORGEN - ALS ELTERN

Eine der - wie wir finden - wichtigsten Fragen für deinen Elternalltag lautet: Was tut mir gut? Sich selbst wahrzunehmen, zu spüren, mit sich selbst in Verbindung zu sein - all dies macht es dir leichter, mit deinem Kind in Verbindung zu kommen. Bist du als Mama oder Papa in deiner Kraft und voller Energie, so kannst du auch für dein Kind viel leichter präsent sein und die gemeinsame Zeit genießen.

Häufig passiert es, dass wir uns selbst durch das Elternwerden als Personen hintenanstellen. Wir haben bereits mehrfach beschrieben, wie wichtig es ist, dass die Bedürfnisse deines Kindes beantwortet werden. Je jünger dein Kind ist, desto mehr braucht es dich. Gleichzeitig ist es aber genauso wichtig, gut auf dich zu achten und gut für dich selbst zu sorgen.

Nur, wie kann das gelingen? Vielleicht weißt du auf Anhieb, was du brauchst und was dir guttut. Vielleicht kommst du aber auch ein bisschen ins Grübeln und bist dir da nicht so sicher. Dann können dich diese Fragen dabei unterstützen, herauszufinden, was dir guttun könnte:

- Wie fühle ich mich wohl?
- Was mache ich gern?
- Was hilft mir, aufzutanken?
- Brache ich eine Pause?
- Bin ich müde? Brauche ich Schlaf?
- Brauche ich Ruhe, Entspannung und Rückzug?
- Brauche ich Bewegung?
- Brauche ich Kontakt, Austausch, Unterwegssein?

Du kannst dir hier die Fragen einfach als PDF downloaden und für dich ausfüllen!

Jetzt denkst du dir vielleicht, dass es schon gut ist, zu wissen, was du brauchst. Aber wie soll das im Alltag funktionieren?

Ein afrikanisches Sprichwort besagt: »Es braucht ein ganzes Dorf, um ein Kind zu erziehen.« Schau dich in deinem Umfeld um, wer für dich »dein Dorf« sein könnte. Welche Menschen können dich unterstützen, damit du Zeit hast, gut für dich zu sorgen, und damit die Verantwortung nicht immer bei dir liegt? Das kann sein, dass ihr euch als Eltern gegenseitig Zeiten einräumt, in denen du oder dein Partner regelmäßig Zeiten für sich hat. Es kann sein, dass es dir wichtig oder für dich hilfreich ist – vielleicht von Anfang an –, für dein Kind noch weitere Bezugspersonen zu etablieren. Welche Familienmitglieder, Freunde, Nachbarn, Bekannte würden in Frage kommen? Auch ein Babysitter oder eine Tagesmutter kann eine mögliche Bezugsperson sein.

Unsere Empfehlung für dich ist, dir immer wieder bewusst Zeit zu nehmen, dich zu spüren und zu schauen, ob deine Situation, so wie sie gerade ist, für dich gut und stimmig ist. *Egal, wie du* dein *Elternsein lebst, es muss für* dich *passen!* Und wenn es für dich gerade nicht gut ist, schau, was du selbst ändern kannst, und/oder hole dir Unterstützung, in welcher Form auch immer du sie brauchst!

Wir wissen selbst aus eigener Erfahrung, dass es oft eine richtig große Aufgabe darstellt als Eltern für uns zu sorgen. Es ist wohl auch eine der Herausforderungen unserer Zeit in puncto Elternsein, da sich Familienstrukturen verändert haben und somit oftmals neue, kreative Lösungen gefunden werden müssen. Du sollst wissen, dass du damit nicht allein bist! Wir sehen es als große Chance, uns als Eltern auch online zu vernetzen, um uns auszutauschen, uns gegenseitig zu unterstützen und voneinander zu lernen.

Werde auch du Teil unserer stetig wachsenden Montessori-Eltern-Community und bereichere uns und alle Eltern mit deinen individuellen und persönlichen Erfahrungen. Schließlich ist es **Our Montessori Way**! Lass ihn uns Hand in Hand gemeinsam gehen!

LITERATUR

Montessori, Maria:
Das kreative Kind:
Der Absorbierende Geist, *Freiburg im Breisgau 1972*

Montessori, Maria:
Kinder sind anders (Kinder fordern uns heraus), *München 2002*

Montessori, Maria:
Die Entdeckung des Kindes, *Freiburg im Breisgau 2010*

Polk Lillard, Paula & Lillard Jessen, Lynn:
Montessori von Anfang an:
Ein Praxishandbuch für die ersten drei Jahre des Kindes,
Freiburg im Breisgau 2012

Prehn, Anette:
Hirnzellen lieben Blinde Kuh:
Was die Hirnforschung über starke Kinder weiß, *Weinheim 2017*

Quattrocchi Montanaro, Silvana:
Das Kind verstehen:
Entwicklung und Erziehung von 0–3 Jahren nach Maria Montessori,
Freiburg im Breisgau 2014

Renz-Polster, Herbert:
Kinder verstehen: Born to be wild:
Wie die Evolution unsere Kinder prägt, *München 2022*

Spitzer, Manfred:
Wie Kinder denken lernen:
Die kognitive Entwicklung vom 1. bis zum 12. Lebensjahr, *München 2019*

DANKSAGUNG

Es war unser großer Wunsch, ein Buch wie dieses mit der Welt zu teilen. Dieser ist nun tatsächlich in Erfüllung gegangen und dafür sind wir unendlich dankbar.

DANKE an alle, die an uns und unsere Vision glauben und uns auf ganz unterschiedliche Art und Weise unterstützt haben.

DANKE an alle Familien, die uns ihre Türen geöffnet haben, damit wir mit den Fotos eine so vielfältige Umsetzung der Montessori-Prinzipien im Zuhause zeigen können.

DANKE an Luisa und Ksenia für eure großartige Unterstützung im Bereich der Fotos und der Gestaltung dieses Buches.

DANKE an Andrea Donath für das wertschätzende und berührende Vorwort.

DANKE an Manuela Witty für die Möglichkeit dieses Buchprojekts sowie für die bereichernde Zusammenarbeit und Unterstützung. DANKE ebenso allen weiteren Mitwirkenden des YUNA-Verlags.

DANKE an all die lieben Menschen, die uns während des Entstehungsprozesses dieses Buches persönlich beiseite gestanden haben, egal ob bei entspannenden Pausengesprächen, hilfreichem inhaltlichen Feedback oder bei der Unterstützung in unserem Alltag.

DANKE an unsere Kinder, ohne die wir Montessori in Familienalltag nicht einfach leben könnten. Danke, dass wir durch euch jeden Tag als Mamas wachsen und lernen dürfen. *Ihr seid unser größtes Geschenk!*

ÜBER UNS

Wir sind Valentina Wimmer und Carina Doleschal – Mamas, Montessori-Pädagoginnen aus Leidenschaft und die Gründerinnen von Our Montessori Way. Valentina ist studierte Gymnasiallehrerin für Latein, Biologie und Umweltkunde sowie eine erfahrene Pädagogin an einer Montessori Grund- und Mittelschule. Carina ist Dozentin der Deutschen Montessori Gesellschaft sowie staatlich anerkannte Erzieherin mit langjähriger Erfahrung als Leitung einer Montessori Krippe sowie eines Montessori Kinderhauses. Gemeinsam unterstützen wir (werdende) Eltern mit Coachings, Beratungen und online Programmen dabei Montessori einfach zu leben.

Unser größter Herzenswunsch ist es, dass so viele Familien wie möglich »Montessori einfach leben«.

Maria und Mario Montessori entwickelten wirklich ein geniales Entwicklungskonzept, das inzwischen auch von der modernen Forschung immer wieder bestätigt wird. Wenn wir als Eltern die facettenreichen Zusammenhänge und einzigartigen Besonderheiten der Entwicklung unserer Kinder besser verstehen, können wir ihnen mit einer neuen Perspektive begegnen. Dann ist es uns möglich, sie besser zu unterstützen und liebevoll auf ihrem Weg zu einer neuen Generation von Erwachsen zu begleiten. Eine Generation, die friedlicher, nachhaltiger und respektvoller miteinander und unserem wunderschönen Planeten umgehen wird.

Wir sind hier, um dich und deine Familie auf dieser großartigen Reise zu begleiten. Wir wollen dir inspirierende Anregungen und motivierende Impulse geben, um deinen individuellen Montessori-Weg zu entdecken und mutig zu beschreiten. Wir freuen uns riesig und sind unendlich dankbar dafür, durch dich unserer Vision ein großes Stück näherzukommen. Lass uns gemeinsam Hand in Hand gehen, um unsere Erde zu einem lebendigen Mosaik und einem vielfältigen, harmonischen sowie gesunden Lebensraum für unsere Kinder und alle nachkommenden Generationen zu gestalten!

Deine Valentina und Carina

Liebe*r Leser*in,

wir hoffen sehr, dir hat das Buch gefallen, und würden uns freuen, wenn du eine Rezension bei deinem liebsten Onlinehändler schreibst.

Hast du Fragen, Wünsche oder Anregungen?
Dann schreibe gerne an: yuna@penguinrandomhouse.de.

Viele Grüße
YUNA

IMPRESSUM

1. Auflage
Originalausgabe

Neumarkter Str. 28, 81673 München
Covergestaltung: Jürgen Kiermeier YUNA, unter Verwendung eines Motivs von *AdobeStock:* maximum, *shutterstock:* A_Berillo, Ermakova Marina, Ekaterina Sumchenko, Natalia Hubbert, Paulaparaula, PYRAMIS, Katerina Arts, Kate Kreker,
Bildnachweis: Alle Bilder von Carina Doleschal und Valentina Wimmer, außer den Illustrationen von *AdobeStock:* Maria Petrish, *shutterstock:* A_Berillo, Alisles, Ekaterina Sumchenko, Elena Malgina, Kate Kreker, Katerina Arts, Lana Praded, PYRAMIS und dem Bild auf Seite 22: Montessori Photos (montessoricentenary.org)
Layout/Satz: Jürgen Kiermeier YUNA
Druck und Bindung: Alföldi Nyomda Zrt., Debrecen
Printed in Hungary

MIX
Papier | Fördert gute Waldnutzung
FSC® C010328

Penguin Random House Verlagsgruppe FSC® N001967

ISBN 978-3-517-30355-0